Etty Buzyn

Kinder brauchen Zeit

HERDER spektrum

Band 5301

Das Buch

Ein beschaulich verträumtes Kind – damit haben die meisten Eltern Schwierigkeiten. Als Ergebnis einer lückenlosen Verplanung des kindlichen Tagesablaufs hat die Autorin ein Ansteigen von kindlichen Störungsbildern diagnostiziert, die den typischen Managerkrankheiten gleichen, unter denen viele Erwachsene leiden. Das Buch ist eine Einladung an Eltern, die schulischen und gesellschaftlichen Zwangsstrukturen nicht unbesehen zu übernehmen, sondern immer wieder für genügend Freiräume zu sorgen, in denen das Kind aufatmen, die Seele baumeln lassen kann, seinen Träumen und Fantasien folgen darf, ohne daß der nächste Termin drängt. Anhand vieler praktischer Fallbeispiele aus ihrer therapeutischen Arbeit zeigt die Autorin, wie wichtig es für die gesunde Entwicklung der Kinder ist, daß sie auch unverplante Freiräume zur Verfügung haben, Zeit zum Spielen, zum zweckfreien Lesen, Zeit für Märchen und Träume, Zeit zum Trödeln und scheinbaren Nichtstun.

Die Autorin

Etty Buzyn, französische Kinder- und Jugendlichenpsychotherapeutin, selbst Mutter, Schülerin von *Francoise Dolto*.

Etty Buzyn

Kinder brauchen Zeit

Eltern, verplant eure Kinder nicht!

Aus dem Französischen übersetzt
von Bernardin Schellenberger

HERDER

FREIBURG · BASEL · WIEN

Titel der Originalausgabe:
«*Papa, maman, laissez-moi le temps de rêver*».
Mit freundlicher Genehmigung der © Éditions Albin Michel, Paris 1995.

Gedruckt auf umweltfreundlichem,
chlorfrei gebleichtem Papier

Herstellung: fgb freiburger graphische betriebe 2002
www.fgb.de
Umschlaggestaltung und Konzeption:
R·M·E München / Roland Eschlbeck, Liana Tuchel
Umschlagmotiv: © ZEFA
ISBN 3-451-05301-2

Inhalt

ZWEITER TEIL
Ein Platz für Träume

Einführung

*„Wir sind aus dem Stoff gewebt, aus dem die Träume
sind."*
William Shakespeare

Einen Monat vor ihrem Hinscheiden habe ich ein letztes Mal die bekannte Therapeutin Françoise Dolto besucht. Mir war damals bewußt, daß ich sie zweifellos nie wieder sehen würde. Darum hatte ich mir ein Herz gefaßt und ihr von den Sorgen erzählt, die mir mein Sohn machte – ein Jugendlicher mit den Allüren eines Träumers und Künstlers und in der Schule ein ziemlicher Chaot.

Françoise Dolto hörte wie immer aufmerksam zu, fiel mir aber schließlich mit der für sie typischen Lebhaftigkeit ins Wort und sagte zu mir: „Was wollen Sie mir eigentlich sagen? Daß Ihr Sohn nicht Ihren Vorstellungen entspricht? Wie ist das denn umgekehrt? Mag er Sie bloß dann, wenn Sie seinen Idealvorstellungen entsprechen? Sie sind doch sicher auch keine ideale Mutter; aber versucht er denn deshalb dauernd, Sie zu ändern? Warum wollen Sie denn, daß er sich selbst verleugnet? Er nimmt Sie so, wie Sie sind; machen Sie das mit ihm genauso. Dieser Bursche hat seine Fähigkeiten, die er zweifellos auch entwickeln wird. Sie müssen ihm bloß Zeit dafür lassen."

Das war vor sechs Jahren, und das waren die letzten Ratschläge, die ich von ihr bekommen habe. Ich habe sie nicht vergessen. Umso mehr deshalb, weil sie richtig gesehen hatte. Ich stand also vor der schwierigen Wahl, mich entweder weiter ohne innere Überzeugung an ein Erziehungssystem zu halten, das weithin auf Zwängen beruht, oder mich auf mein intuitives Vertrauen zu verlassen, meine Kinder hätten schon genügend gesunden Selbsterhaltungstrieb, der sie vor dem Schlimmsten bewahren würde. Genau genommen hatte ja auch ich das Gefühl, in ihrer Schule finde ein regelrechter Wettkampf um die vordersten Plätze statt. Immerhin hatten sie stets energisch versucht, ihre ganz eigenen Ansichten durchzusetzen. Sie wurden dabei ermutigt durch meine gerechtfertigte Neigung, nur sehr zögerlich meine Verantwortung für sie an andere Instanzen abzugeben.

Diese persönliche Erfahrung konnte ich dann im Lauf meiner beruflichen Tätigkeit immer wieder bestätigt finden. Ich hatte zahlreiche Begegnungen, wo sich die gleiche Problematik in immer neuen Variationen wiederholte. Daraus hat sich für mich ein Thema herauskristallisiert, das, so glaube ich, der Mühe wert ist, mit anderen Eltern erörtert zu werden. In meiner Rolle als Psychotherapeutin und Psychoanalytikerin habe ich immer wieder die Entwicklung von Kindern mitverfolgen können, die sich nach Kräften ihren Erziehern, Eltern oder Lehrern verweigert haben. Das waren Kinder, die man stark überfordert und von denen man zu früh zu viel verlangt hatte. Diese Überforderung der Kinder ergibt sich daraus, daß wir die Ansprüche an sie zu hoch geschraubt haben. Solche übersteigerten Ansprüche sind bei uns Erwachsenen die Folge unseres Zustands der Entfremdung, in den wir unter dem Druck wirtschaftlicher und sozialer Interessen geraten sind. Ich bin mir dieser Entfremdung selbst immer deutlicher bewußt geworden und habe beobachten müssen, wie sie sich negativ auf meine eigenen Kinder auswirkt. Das hat mich im Lauf der Zeit dazu gebracht, meine Prioritäten auf dem Gebiet der Erziehung anders zu setzen. Dabei suche ich wieder mehr das Gespräch mit „dem Kind, das in jedem von uns schlummert".

Ich habe nicht die Absicht, hier Rezepte anzubieten. Es gibt genügend Anleitungen und Methoden und die unterschiedlichsten Techniken, die alle darauf abzielen, das ideale Kind heranzuziehen – nämlich das an die moderne Gesellschaft und ihre Erfordernisse angepaßte Kind –, und man findet darin Rezepte in Hülle und Fülle. Mir geht es auch nicht um rein theoretische Überlegungen. Ich möchte vielmehr versuchen, meine klinischen Erfahrungen zu einer Gesamtschau zusammenzufassen. Ich stütze mich dabei also auf das, was ich selbst im Leben von Kindern beobachtet habe und was mir von Jugendlichen und Erwachsenen bestätigt worden ist.

Im Mittelpunkt meiner Überlegungen steht das zentrale Anliegen, unseren Kindern grundsätzlich die Fähigkeit zu erhalten, sich Träumereien hinzugeben. Um jedoch keine Mißverständnisse aufkommen zu lassen, sei dazu gleich gesagt: Mir geht es dabei nicht um ein Plädoyer dafür, das Kind ohne jede Regel und Einschränkung einfach sich selbst zu überlassen. Ein solches Kind wäre unfähig, seine eigene Struktur auszubilden und sich in soziale Beziehungen einzuüben; es wäre lediglich zu einem Außenseiterdasein fähig.

Ich möchte hier das Sprachrohr für das zuweilen pathetische Aufbegehren jener *widerspenstigen Kinder* sein, die versuchen, sich querzulegen und sich dem System zu verweigern, indem sie irgendein Gebrechen entwickeln – Schlaflosigkeit, Bauchweh oder andere chronische Beschwerden. Es handelt sich dabei um verzweifelte Versuche, sich gegen die vielfältigen Formen des Drucks zu wehren, unter den sie von ihren Erziehern gesetzt werden. Diese Erzieher meinen, im Interesse ihrer Sprößlinge zu handeln, wenn sie deren kreative Fähigkeiten brach liegen lassen und sich lieber um einen systematischen Unterricht bemühen, der sie zu stereotypen und im allgemeinen wenig einfallsreichen Erwachsenen werden läßt.

Ganz gleich, ob es sich um die ganz Kleinen handelt, die noch stark von ihrer Mutter abhängen, oder um die größeren Kinder, die den Schulzwängen ausgesetzt sind, oder um die Heranwachsenden, die verfrüht zur Berufswahl gezwungen werden – für die Kinder auf allen diesen Entwicklungsstufen stellt sich dieselbe zentrale Frage: Wie kommen sie zu ihrem Recht, das viele zaghaft und manche hartnäckig verfolgen, weil sie spüren, daß es sich dabei um ein Gut handelt, das sie sich auf keinen Fall nehmen lassen dürfen: zu ihrem Recht darauf, Traumvorstellungen nachzuhängen, neugierig zu sein und ihre urpersönlichsten Sehnsüchte zu entdecken?

Die Kinder, um die es mir geht, sind diejenigen, die sich nicht blind dem unterwerfen, was die Erwachsenen ihnen aufzwingen wollen. Oft wehren sie sich schon dann, wenn sie noch gar nicht über die zum Protestieren erforderlichen Mittel verfügen; und ich habe im Lauf meiner gesamten Praxis erlebt, daß es sich gerade bei ihnen um die interessantesten und mit der lebhaftesten Phantasie begabten Kinder handelt. Das sind die für die Zukunft unserer Gesellschaft und ihre Wandlungsfähigkeit kostbarsten Kinder.

Im Unterschied dazu gibt es die Kategorie der „Muster-kinder", von denen ihre Erzeuger oft äußerst angetan sind. Das sind die Kinder, die es *akzeptiert* haben, auf ihre eigene Innenwelt zu verzichten, um sich ganz und gar den Vorstellungen anzupassen, die die Erwachsenen für sie entwickelt haben. Danach richten sie sich aus – aber um welchen Preis? Und was für Erwachsene wer-den das werden? Angstgeplagte Erwachsene, die der Zeit hinterherlaufen, aber nicht mehr wissen, was sie mit ihr *anfangen* sollen, außer daß sie sie rentabel nutzen, so-gar in ihrer Freizeit. Mit anderen Worten: Sie werden zu musterhaften Konsumenten im Dienst unserer moder-nen Gesellschaft, für die das Nützlich- und Rentabel-sein zum Selbstzweck geworden ist und die pausenlos dem Mythos der Leistung huldigt. Das Kind wehrt sich dagegen, so gut es kann, um seine Sehnsüchte und Träume vor dem Erwachsenen zu schützen, der möchte, daß es genauso wird wie er.

Mit meinem Appell, neu zu überdenken, worauf das Kind von seiner Natur aus ein Anrecht hat, möchte ich durchaus nicht bei den Eltern Schuldgefühle wecken, die guten Glaubens meinen, für ihr Kind das Beste zu tun. Aber brauchen wir nicht ganz dringend die Kreati-vität von solchen künftigen Erwachsenen, denen man *Zeit für ihre Träume gelassen* hat, damit unsere Gesell-schaft aus ihrer gegenwärtigen Sackgasse herauskommt und Mittel und Wege der Veränderung findet?

Es ist dringend notwendig, daß wir uns selbst gestat-ten, wieder auf das Kind zu horchen, das in jedem von uns steckt und voller Heimweh und Sehnsucht ist. Nur dann können wir auch unsere eigenen Kinder richtig verstehen. Denn „immer wieder hat sich erwiesen, daß zwischen dem schwergewichtigen Wissen, das in

Büchern und Morallehren versiegelt ruht, und der heiteren Leichtigkeit des tatsächlichen Lebens ein tiefer Abgrund liegt. Man kann fast alles theoretisch wissen und doch sein Leben in absoluter Ignoranz des Lebens verbringen. Der Grund dafür sind nicht die Bücher, sondern der klägliche Mangel an Sehnsucht, das Fehlen großer Träume."[1]

---

[1] Christian Bobin, *Le Huitième Jour de la Semaine*, Lettres vives 1986

ERSTER TEIL

Kinder, von denen man zu viel erwartet

I. Auch der Säugling ist schon eine Person

Das Qualitätsmerkmal „Wunschkind"

Die Empfängnis eines Kindes muß heutzutage programmiert sein, man muß sie „voll im Griff" haben: Man wählt sozusagen schon genau sein Geburtsdatum, und dieser Wahl gehen oft endlose Überlegungen des betreffenden Paares voraus. Was muß nicht alles bedacht sein, ehe ein Paar das Risiko auf sich nimmt, in sein Leben jenen „Störfaktor" treten zu lassen, den ein Neugeborenes darstellt!

Zu diesem Zögern kommt der Umstand hinzu, daß dieser „Kinderwunsch" unabänderliche ökonomische Gesichtspunkte berücksichtigen muß, die nur allzu oft für den Entschluß der Paare ausschlaggebend sind. Es ist geradezu unvorstellbar geworden, ein Kind zu zeugen, ohne zuvor eine Reihe unerläßlicher materieller Vorkehrungen getroffen zu haben, die zwar im Einzelfall unterschiedlich ausfallen können, aber sich im allgemeinen streng an den fianziellen Möglichkeiten ausrichten. Statt sich in Muße auszumalen, wie das wohl sein wird, wenn sie zum allerersten Mal ihr Kind anschauen werden, und statt sich tief auf alle ihre Gefühle einzulassen, die diese Schwangerschaft und Geburt weckt, setzen sich die künftigen Eltern dem Druck aus, zunächst einmal alle günstigen äußeren Bedingungen für den Empfang ihres Kindes zu schaffen. Man braucht nur an den immensen und kostspieligen Aufwand für Kinderpflege zu denken, dessen meiste Artikel überflüssig sind, an die Sorgen, die sich aus dem Ausfall der Mutter an ihrem Arbeitsplatz ergeben, an die dringende Suche nach einer Kinderbetreuung, an überfüllte Kindergärten und überlastete Kinderbetreuerinnen.

Alle diese Sorgen um die materielle Organisation überlagern allzu oft die spontane Neigung der schwangeren Frau, sich ihr künftiges Kind lebhaft vorzustellen und sich seelisch auf die erste Begegnung mit ihm vorzubereiten. Diese Zeit der Phantasie wird zudem noch dadurch verkürzt, daß die angehende Mutter in kurzen Abständen mit Ultraschall abgetastet wird und sie den Verlauf ihrer Schwangerschaft genau auf dem Bildschirm sehen kann. Damit wird das, was eigentlich noch geheimnisvoll und unbekannt bleiben sollte, vorzeitig ans Licht gezerrt, und das legitime Schamgefühl der Mutter wird überfahren. Die Ultraschallbilder des Embryos oder des Fötus wiegen im falschen Glauben, man kenne ihn bereits; das geht so weit, daß man sie dann als erste Bilder ins Kinderalbum einklebt. Aber diese Auffassung ist grundverkehrt, denn für das Werden des Kindes ist vor allem wichtig, was in seiner Mutter vorgeht: was sie sich von diesem Kind erträumt; alles, was sie sich bezüglich seiner ausmalt, vorstellt, befürchtet, erhofft; ihre physische Beziehung zu ihm, wenn sie spürt, wie es sich in ihrem Bauch regt und wenn sie es durch ihren Bauch hindurch streichelt. All das sind schon Beziehungen sprachlicher Qualität zum Kind, die bereits vor seiner Geburt zu seiner Menschwerdung beitragen.

Beträchtlich ist auch die Irritation, wenn das Paar endlich beschließt, ein Kind zu wollen, und dieses dann nicht schnell genug kommt; oder die Enttäuschung, wenn das Wesen, das tatsächlich zur Welt kommt, den

Phantasieträumen der Eltern allzuwenig entspricht. Denn das Kind als ganz eigenes Subjekt bringt seine individuellen Wesenszüge mit, die sich von denen, welche sich die Eltern gewünscht hätten, ganz gewaltig unterscheiden können. Hinzu kommt, daß ohnehin der Alltag mit einem Kleinkind, der sich Tag für Tag wiederholt, etwas sehr viel Nüchterneres ist als das, was man sich als Leben mit einem Kind erträumt hatte. Dieser Alltag zeichnet sich vor allem dadurch aus, daß er voller Zwänge und Notwendigkeiten ist.

Haben die Eltern es schließlich gemeistert, ihr Kind in Empfang zu nehmen, so rechnen sie ganz natürlich damit, daß sie auch das Kind selbst meistern können. Ist der Säugling geboren, so erwarten sie von ihm, daß er sich möglichst gut ihren Wünschen anpaßt und ihren Lebensstil so wenig wie möglich beeinträchtigt. Folglich muß das Baby ein *Musterbaby* sein; schließlich war es ja ein *Wunschkind* und kam zu dem Zeitpunkt auf die Welt, den die Eltern für richtig gehalten hatten.

Es ist eindeutig ein beträchtlicher Gewinn an Freiheit, daß ein Paar heutzutage selbst entscheiden kann, ob und wann es ein Kind will. Aber man braucht durchaus nicht der Vergangenheit nachzutrauern, wenn man bezweifelt, ob sich das „Wunschkind" von heute wirklich sehr viel leichter ins Familienleben integrieren läßt als das „Zufallskind" von früher. Bekanntlich ist der Begriff des Wünschens seinem Wesen nach komplex und zweideutig. Zahlreiche Frauen bezeugen, daß sie zu bestimmten Zeiten ihrer Schwangerschaft sehr gemischte Gefühle hatten.

Wenn ich das erste Mal mit Eltern und ihrem Kleinkind zu tun hatte, mußten sie mir sehr oft zunächst unbedingt sagen: „Unser Kind ist ein Wunschkind!" Die

Bezeichnung „Wunschkind" scheint geradezu als Güte-
siegel und Garantie dafür angesehen zu werden, daß
sich das Kind eigentlich ohne allzu große Schwierigkeiten ins Familienleben integrieren lassen müßte.

*Da kommt zum Beispiel eine junge Frau zu mir in die
Sprechstunde, die sich beraten lassen will, weil ihr
kleiner, acht Monate alter Junge an akuten Schlafstörungen leidet und seine Ansprüche sie überfordern.
Bei unserer ersten Aussprache erläutert sie ihre Schwierigkeiten folgendermaßen: „Wir haben es uns sehr
lange gemeinsam überlegt, ehe wir uns zu einem Kind
entschlossen haben. Wir dachten, wenn unser Entschluß klar und die materiellen Umstände darauf abgestimmt seien, müsse es nach seiner Geburt ziemlich
einfach werden. Aber zu unserem Erstaunen hat die
Tatsache, daß wir es genau programmiert hatten, überhaupt nichts gebracht. Alles in allem waren wir eigentlich genauso wenig auf sein Kommen vorbereitet, wie
wenn seine Zeugung ganz ungeplant stattgefunden
hätte. Wie dann alles in Wirklichkeit gekommen ist,
hat gar nichts mit dem zu tun, worauf wir uns einge-
stellt hatten. Jetzt sind wir völlig durcheinander und
fühlen uns von all den unvorhergesehenen Veränderun-
gen in unserem Alltagsleben, die das Dasein unseres
Kindes erzwingt, überfordert ...“*

Da war dieses Kind also erwünscht und genau ge-
plant, und was hätte es noch mehr erwarten können?
Gewiß, alle Vorbereitungen für sein Kommen waren getroffen – aber es fehlte das Wesentliche: die unerläßliche Fähigkeit, sich an seine Bedürfnisse anzupassen.
Dazu gehört vor allem, auf alles Unvorhergesehene gefaßt zu sein, das diese Bedürfnisse mit sich bringen.

Die Aussage dieser jungen Frau führt nicht nur deutlich den himmelweiten Unterschied zwischen dem „Wunschkind" und dem „realen Kind" vor Augen, sondern sie beinhaltet noch mehr: Sie zeigt, wie das genaue Planen der Geburt die Illusion nähren kann, man könne auch das weitere Leben des Kindes, für das „alles genau programmiert war", gut im Griff haben. Wie soll aber unter diesen Vorzeichen dieses schon im voraus konditionierte Kind die Freiheit haben, seine eigenen Wunschträume zu entwickeln und eine Phantasiewelt zu erkunden, die seine Eltern sich von vornherein versagt hatten?

In nicht allzu ferner Vergangenheit hatten die Eltern normalerweise ihre Freude daran, ihr Kleinkind körperlich und affektiv geborgen zu wissen. Heutzutage hat sich das genau umgekehrt. Früher war die Sorge der Eltern darauf gerichtet, sich richtig auf das Kind einzulassen und ganz für es da zu sein; heute dagegen wird paradoxerweise vom Kind erwartet, daß es sich ganz auf seine Umwelt einläßt und sich nahtlos in sie einfügt.

Persönchen oder erwachsene Person?

Wir haben Fortschritte in der Kenntnis der Kompetenzen des neugeborenen Kindes gemacht, und es ist nur zu begrüßen, daß ihm niemand mehr das Recht darauf bestreitet, als Subjekt behandelt zu werden, das Respekt verdient, auf Kommunikation begierig ist und für fähig gehalten wird, den Sinn unserer Worte zu begreifen. Unglücklicherweise sieht es sich jedoch jetzt dem Anspruch ausgesetzt, *alles* zu begreifen. Da ist es nun also binnen kürzester Zeit zur Person geworden, die mit allen intellektuellen Eigenschaften des Erwachsenen ausgestattet ist! Aber haben wir dieses Persönchen nicht allzu schnell in den Status der erwachsenen Person versetzt? Kaum haben die Säuglinge ihre Kompetenz erwiesen, macht man sich schon daran, sie auszubeuten. Je früher man die Kinder anreizt, desto schneller entwickeln sie sich und gelangen zur Autonomie, was dann gleichzeitig die Eltern von einer fesselnden Bürde befreit.

Die heutigen Geburtsanzeigen zeigen das nur allzu deutlich: Während früher die Eltern es waren, die die Geburt ihres Kindes bekanntgaben, läßt man jetzt das Kind selbst seine Geburt anzeigen, womöglich sogar mit Kinderschrift auf einer Schulheft-Seite – ganz so, als könne es selbstverständlich, kaum zur Welt gekommen, auch unverzüglich richtig schreiben! Man mag über eine solche Kleinigkeit in der Veränderung des Anzeigenstils lächeln, aber machen wir uns nichts darüber vor, was damit zum Ausdruck kommt! Diese neue Form ist Teil einer Gesamteinstellung, ist der unbewußte Ausdruck des Wunsches der Erwachsenen, ihre Kinder von Geburt an möglichst schnell in ein zunehmend von der Wirtschaft geprägtes System zu integrieren, bei dem sich alles um die Rentabilität dreht. Der selben Tendenz entstammt es auch, daß man die Babys heute nicht mehr als Babys kleidet, sondern als kleine Erwachsene: Die Farbe Schwarz und Jeans sind vorteilhafter als das Hellblau und Rosa der Babywäsche, um sie nahtlos in diese Welt einzuführen, die sie erwartet!

Man ermißt gar nicht, zu welchen Konsequenzen solche an sich unschuldige Praktiken führen können. Sie markieren eine ganz kurz bemessene Kleinkindphase, auf die möglichst bald eine Phase der Jugend folgt, die dann möglichst ewig dauern muß. Dem Kind bleibt folglich gar nicht die Möglichkeit, sich irgendwann von dem zu verabschieden, was ihm zweifellos zu früh entzogen oder nur im Fragment geboten worden ist: vom Rückhalt bei den Erwachsenen. Wie soll man auch betrauern können, was man gar nicht voll hat auskosten dürfen ... Und wie könnte das Kind lernen, eine Autorität zu respektieren, die gar nicht ausgeübt wird, weil die Erwachsenen es von gleich zu gleich behandeln und fordern?

Dieter kommt auf Bitte seiner Schulleiterin zu mir in die Praxis. Sie hat mit ihm das Problem, daß er sich den Verhaltensregeln in der Klasse völlig verweigert. Er tut nur das, wozu er selbst Lust hat. Er beharrt felsenfest und streitbereit auf dem, was er sich in den Kopf gesetzt hat, und keinerlei Verhandeln und Argumentieren läßt ihn seine Meinung ändern.

Dieter ist das einzige und spätgeborene Kind eines Paares, für das sich alles um ihn dreht. Er darf alles und wird von seinen Eltern von gleich zu gleich als Erwachsener behandelt. Auf dem Anrufbeantworter der Familie ist es seine Stimme, die dem Anrufer Auskunft über die Familie gibt. Als er die Namen aller drei Familienangehörigen hintereinander aufsagen soll, weiß er nicht, an welche Reihenfolge er sich halten soll. Da wundert es nicht, daß er keinerlei Vorstellung davon hat, daß ihm irgend jemand etwas zu sagen haben könnte ...

Man könnte das als amüsante Anekdote abhaken, aber in Wirklichkeit ist das ein Problem, das langer Aufarbeitung bedarf. Dieter muß einen Sinn für Autorität entwickeln, denn nur dann kann er auch den Reiz der

Übertretung von Verboten verspüren, was ganz wesentlich zur lebendigen Kindheitsphantasie gehört.

Wenn man zuviel redet

„Wenn das, was du zu sagen hast, nicht schöner als das Schweigen ist, dann halte lieber den Mund."
Chinesisches Sprichwort

Betrachtete man früher die Kleinkinder als bloße gefräßige Mäuler und laute Schreihälse, für die Worte nicht taugen, so werden sie heute viel zu früh in die Rolle kleiner Erwachsener gedrängt, die alles hören und alles verstehen können; sie werden ungeschützt der Wirklichkeit und den Sorgen ausgesetzt, mit denen die Erwachsenen sie umgeben. Dabei verkennen die Erwachsenen, daß sie, wenn man sie in diese Rolle versetzt, jenes affektiven und von Phantasien erfüllten Lebens beraubt werden, auf das Kleinkinder ein Recht haben. Die Eltern sprechen ihren Nachwuchs zunehmend auf der Ebene der nüchternen Vernunft an und ersparen ihnen keine Wahrheit. Die unausgesprochene Erziehungsparole von heute scheint in dieser Hinsicht zu lauten: „Dem Kind restlos alles sagen."

Frau S. kommt wegen ihrer achtzehn Monate alten Tochter Diane in die Sprechstunde, die an Schlafstörungen leidet. Wenn sie schließlich einschläft, wacht sie nachts wieder auf und braucht unbedingt die Gegenwart ihrer Mutter.
Was mich gleich bei der ersten Konsultation frappiert, ist die dominierende Rolle, die diese Mutter ihrer

Tochter einräumt. *Sie spricht sie jeden Augenblick an; sie unterbricht ständig unser Gespräch, um entweder ihr Töchterchen zur Bestätigung ihrer Aussagen beizuziehen oder um ihm langatmig irgend etwas zu erklären, was es direkt gar nichts angeht. Dadurch werden sowohl das Spiel des kleinen Mädchens als auch der Faden unseres Gesprächs ständig unterbrochen.*

Frau S. ist eine Mutter, wie man vielen begegnet. Sie haben den Kopf voller Ratschläge aus den verschiedenen Büchern über Kindererziehung, in denen immer wieder der Rat gegeben wird, „ständig mit seinem Kind im Gespräch zu sein" und es „anzuregen", um „seine Intelligenz zu wecken". Sie tut das äußerst gewissenhaft, und zwar in einem Maß, daß sie dieses noch so kleine Mädchen buchstäblich mit Informationen *nudelt*. Das Mädchen seinerseits gibt sich recht und schlecht Mühe, diese ganze Flut von Inhalten zu verdauen und wendet sich schließlich überfordert ab. Natürlich, die Mama erzählt, die Wißbegier ihres Töchterchens sei unersättlich, und, so sagt sie, sie beantworte ja nur ihre Fragen. Das tue sie umso mehr, da sie selbst in ihrer Kindheit überhaupt nicht „das Recht gehabt habe, Fragen zu stellen". Was Diane schon alles kann, ist im übrigen eindrucksvoll, und die Mama ist darauf nicht wenig stolz. Doch wie zwiespältig das ist, äußert sich in ihrer Bemerkung, sie fühle sich allerdings sehr stark von diesem dankbaren Kind gefordert, denn es stehe völlig im Mittelpunkt des Familienlebens, und seit seiner Geburt hätten sie auf jegliches Intimleben verzichtet.

Wie sollte man einer Mutter Vorwürfe darüber machen, daß sie der Entwicklung ihres Kindes die oberste Priorität eingeräumt hat? Doch hat sie ihr Töchterchen derart mit Beschlag belegt, daß allem Anschein nach ihre gutgemeinte Fürsorge unmerklich in erdrückende Dauerbelehrung umgekippt ist. Sie nährt das Kind genau besehen jetzt so mit Worten, wie sie es von Geburt an mit Milch ernährt hat. Auf diese Weise pflegt sie eine Art Symbiose, die Diane den tröstlichen Gedanken einflößt, sie sei für ihre Mutter bei Tag und Nacht unentbehrlich, denn nur sie könne sie ganz zufriedenstellen. Die überbordende Dauerbelehrung durch die Mutter erinnert an die Nabelschnur, nach der sie unbewußt ständig Heimweh hat, und sie hält ununterbrochen eine Beziehung aufrecht, die zur Verschmelzung neigt. Dadurch macht sie es dem Töchterchen fast unmöglich, sich als autonomes Wesen abzukoppeln. Im übrigen ist die Überfülle an Informationen, mit der das Kind den ganzen Tag überschüttet wird, daran schuld, daß es nachts nicht schlafen kann. Das Übermaß hält das Kind in einer dauernden Erregung, mit der es nicht anders umgehen kann, als daß es wiederum auch die Nacht mit seiner Mutter teilt, wodurch es diese um ihren Schlaf bringt.

Im Lauf unserer Gespräche besteht mein Anliegen darin, nach und nach bei dieser Mutter das Gespür dafür zu wecken, daß ihr Kind zwar durchaus von der engen Beziehung, die zwischen ihnen besteht, profitiert, daß diese Beziehung jedoch gleichzeitig das Risiko in sich birgt, die psychisch-affektive Entwicklung ihres Töchterchens zu hemmen. Tatsächlich ist Diane, ganz entgegen der Überzeugung ihrer Mutter, vollkommen dazu imstande, auch ohne sie auszukommen. Das werden mir einige Sitzungen, bei denen das Kind mit mir allein ist, voll und ganz bestätigen. Von da an, wo das kleine Mädchen nicht mehr pausenlos die Erwartungen seiner

Mutter erfüllen muß, wird es auch spontan ruhiger und entwickelt eine ungemeine Freude an Spielen, die seinem Alter gemäß sind, ohne das geringste Bedürfnis, damit den Erwachsenen etwas vormachen zu müssen. In ihrer Neigung zur ständigen Überstimulation ihres Kindes hatte sich diese Mutter unbewußt mit ihrer Tochter identifiziert, um damit das Fehlen von Kommunikation in ihrer eigenen Kindheit zu kompensieren.

Es stimmt, daß ein frühreifes Kind, das sich mit Leichtigkeit auszudrücken vermag und anscheinend alles leicht aufnimmt, was ihm die Erwachsenen sagen, oft von sich aus das Bedürfnis hat, immer noch mehr zu erfahren. Doch wäre es gut, ihm auch dann die Zeit zu lassen, immer wieder einfach ein Baby zu sein, statt vor lauter Freude, ein so aufgewecktes Kind zu haben, der Neigung nachzugeben, es ständig mit Belehrungen zu überfüttern.

Wenn man das Kind zum Therapeuten macht

Jonathan ist ein kleiner Junge von zwei Jahren, den seine Eltern wegen einer ganzen Anzahl problematischer Symptome zu mir bringen: zu seinen Einschlafschwierigkeiten kommen häufige Träume und verschiedene Phobien hinzu, wie zum Beispiel die absolute Verweigerung, das Haus zu verlassen. Jonathan weist auch jede Nahrung energisch von sich, so daß er schon über zwei Kilo Gewicht verloren hat; er schlägt ständig mit dem Kopf auf den Boden usw. Diese massive Häufung von Symptomen läßt seinen Zustand als äußerst besorgniserregend erscheinen.

Im Lauf meiner Gespräche mit der Mutter komme

ich darauf, daß deren Mutter nach langer Krankheit verstorben ist. Jonathan war damals erst einige Monate alt, und von diesem Zeitpunkt an waren nach und nach seine Probleme auf allen möglichen Gebieten aufgetreten. Er lebt seit damals in sehr enger Symbiose mit seiner Mutter. Sie gesteht, sich ihn als Vertrauten erwählt und mit ihm von Tag zu Tag ihre Gefühle der Verzweiflung geteilt zu haben. Sie selbst habe nämlich sehr an ihrer Mutter gehangen und komme über deren Verlust einfach nicht hinweg. Jonathan wird also zum Zeugen ihrer Tränenausbrüche, die sie ihm jedoch jedesmal genau erklärt. Dieses Kind scheint kaum einmal einen ruhigen Moment zu haben, denn selbst wenn es ihr besser geht, sucht seine Mutter ständig seine Gegenwart, um es mit einer ununterbrochenen Flut von Wörtern zu überschwemmen. Sie will es nämlich an allem, was sie bewegt, unmittelbar teilhaben lassen. Jonathan ist schlicht und einfach zum „Therapeuten" seiner Mutter geworden, und er verhilft ihr auf Kosten seiner eigenen Vitalität zum Leben. Die Appetitlosigkeit dieses kleinen Jungen ließe sich als einzige Möglichkeit deuten, die dieses Kind gefunden hat, um symbolisch zum Ausdruck zu bringen, daß es sich von den Worten seiner Mutter hoffnungslos überfüttert fühlt.

Mittels einer Psychotherapie für Mutter und Kind kann sich diese Mutter nach und nach der undankbaren Rolle bewußt werden, die sie ihrem Kind übertragen hat. Sie akzeptiert es recht bald, sich auf eine individuelle analytische Behandlung einzulassen, um ihrer Schwierigkeit mit der Trauer um ihre Mutter auf den Grund zu kommen, und Jonathan findet sich im Lauf der Zeit von einer Bürde befreit, mit der er bis dahin zum Nachteil seiner eigenen Entwicklung belastet gewesen war. Was den Vater angeht, so nimmt er wieder einen Platz ein, von dem er verdrängt gewesen war, denn er kommt zur Einsicht, daß seine Rolle darin besteht, symbolisch die Mutter von ihrem Sohn zu trennen. Jonathan legt langsam und Schritt für Schritt alle seine Symptome ab und wird ein sorgloser, fröhlicher Junge. Seiner Mutter geht auf, daß sie sich ihren Sohn eigentlich nie als Baby vorstellen konnte, sondern schon immer als eigenständigen Erwachsenen. Sie hatte in ihrer Beziehung zu ihm keinerlei Grenzen gesetzt, was die unangemessenen Abwehrstrategien erklärt, in denen sich Jonathan erfolglos mit Hilfe seiner Symptome versucht hatte, um sich gegen die Worte seiner Mutter zu schützen, die ihn zu ersticken drohten. Diese Frau lebte nämlich ihre Ängste offen vor ihm aus, zweifellos um sich von ihnen zu befreien, aber ohne auf das Maß zu achten, das ihr kleiner Junge zu ertragen vermochte. Er war sozusagen zum Ventil der elterlichen Ängste geworden: derjenigen seiner Mutter, die sie zu sehr nach außen trug, aber auch derjenigen seines Vaters, der sich ganz zurückgezogen hatte und dazu gar nichts sagte ... Das Stummsein kann nämlich mindestens genauso gewalttätig sein, wie wenn man Worte als Waffen gebraucht, die man anderen ohne jede Nuance zumutet. Das Gar-nichts-Sagen kann genauso gefährlich werden wie das Alles-Sagen.

Die Mama von Jonathan brauchte ihre durch den Tod ihrer Mutter verursachte Traurigkeit durchaus nicht zu verhehlen, aber sie hätte ihrem Sohn zumindest sagen sollen, daß *er nicht verantwortlich für diese Situation* sei. Dieses Gefühl, für den Kummer der Eltern verantwortlich zu sein, haben nämlich oft schon die noch ganz kleinen Kinder. Ferner hätte die Mutter ihrem Jonathan sagen müssen, daß seine Rolle nicht darin bestehe, ihr zu helfen, denn sie selbst sei in der Lage, diese Situation zu bewältigen; und schließlich, daß sie ihn genau wie bisher liebe, selbst wenn sie jetzt einige Zeit brauche, um diese schwierige Lage zu überwinden.

Hier wäre also ein wahres Wort notwendig gewesen, das heißt eine Aussage, die genau nuanciert und speziell auf die Situation des Kindes abgestimmt gewesen wäre entsprechend seinem altersgemäßen psychisch-affektiven Fassungsvermögen. Jonathan hätte dadurch gespürt, daß er nicht viel zu früh diese Rolle der Stütze zu spielen brauchte, die so oft Kinder für Erwachsene, von denen sie abhängig sind, spielen. Wenn sie trotzdem in diese Rolle des Therapeuten schlüpfen, dann deshalb, weil sie intuitiv spüren, daß es ihren eigenen Untergang bedeuten würde, sollten der Vater oder die Mutter in der Depression versinken. Wenn der Halt durch die Eltern im Übermaß brüchig wird, bedeutet das für die Kinder eine lebensgefährliche Bedrohung. Ihre einzige Möglichkeit der Gegenwehr besteht darin, im Maß ihres Vermögens die Angst des Erwachsenen abzublocken. Um diesen Lebensinstinkt zu aktivieren, begeben sie sich jedoch paradoxerweise selbst in echte Gefahr. Der Umstand, daß Jonathan krank geworden ist, bedeutet folglich, daß seine eigenen Grenzen überschritten waren und seine Symptome die Qualität eines Hilfeschreis annahmen.

Wenn man unangemessen viel sagt

Ein typisches Beispiel bietet auch der Fall von Anne-Sophie, deren Symptome nur der Ausdruck einer Angstreaktion waren.

Dieses siebenjährige kleine Mädchen wurde mir von seinem Kinderarzt überwiesen, weil bei ihm kürzlich Bauchschmerzen aufgetreten waren, ohne daß irgendeine organische Ursache dafür herauszufinden war. Die Schmerzanfälle waren immer häufiger aufgetreten und hatten schließlich das Alltagsleben des Kindes stark beeinträchtigt und zugleich auch das seiner Mutter, die schon wiederholt in die Schule gerufen worden war, um ihr Kind nach Hause zu holen.

Die übliche Befragung über die Kleinkindzeit von Anne-Sophie fördert nichts zu Tage, was von Belang wäre. Ich erkundige mich bei der Mutter, um eindeutig zu wissen, ob sie nicht schwanger gewesen sei oder eventuell in jüngster Zeit eine Fehlgeburt gehabt habe. Frau L. verneint diese Fragen, teilt mir aber zugleich mit, daß sie regelmäßig Verhütungsmittel einnehme. Als sie das erwähnt, kommt ihr die Erinnerung an eine Szene mit ihrer Tochter, die sich als folgenschwer erweist. Anne-Sophie hatte ihre Mutter an mehreren Abenden hintereinander dabei überrascht, wie sie eine Tablette eingenommen hatte. Das hatte sie gewundert und plötzlich beunruhigt, und sie hatte sie gefragt, warum sie regelmäßig diese Tablette einnehme. War ihre Mutter etwa krank?

Da die Mutter immer ganz auf ihre Tochter einging und darauf bedacht war, ihr „die Wahrheit, und zwar die ganze Wahrheit" zu sagen, hatte sie ihr erklärt, es handle sich um eine Pille, „um zu verhüten, daß man schwanger wird", und sie hatte ihr ausführlich die verschiedenen Methoden der Empfängnisverhütung und deren Auswirkungen erklärt.

Als sich Frau L. im Rahmen unseres Gesprächs an diese Szene erinnert, wird ihr bewußt, daß sie vielleicht mit diesen zweifellos für ein siebenjähriges Mädchen verfrühten Erklärungen „zu weit" gegangen ist.

Die Zeichnungen, die ich Anne-Sophie anfertigen lasse, bestätigen, daß sie von angstbeladenen Phantasievorstellungen geplagt wird, die mit zu krassen Informationen zusammenhängen, welche sie in ihrem Alter noch nicht zu verarbeiten imstande ist; zugleich waren das Informationen, die dazu führten, daß sich in ihr Ängste regten und zu somatischen Beschwerden führten. Das kleine Mädchen empfand sich selbst zweifellos als Wesen, das mit knapper Not der Empfängnisverhütung entkommen war! Diese Mutter hätte dem Kind versichern können, sie sei gesund, ohne den Respekt zu verletzen, der dem Kind gebührt. Sie hätte nicht in Einzelheiten zu gehen brauchen, sondern hätte sich damit begnügen können, ihm zu erklären, mit Hilfe dieser Tabletten könne eine Frau selbst den besten Augenblick bestimmen, in dem sie ein Baby haben wolle, und sie werde ihm mehr darüber sagen, wenn ihr Körper dafür bereit sei.

Wenn man in entsprechende delikate Situationen gerät, kann man sie auf natürlichere Weise bewältigen. Ich entsinne mich zum Beispiel an ein achtjähriges Mädchen, das genau wissen wollte, was eigentlich Aids sei und wie man sich mit dieser Krankheit anstecken könne. Ihr Vater wollte diese Frage nicht abtun, war aber auch darauf bedacht, die sogenannte „Latenzperiode" seines Kindes unangetastet zu lassen, in der die Sexualität vor der Pubertät noch schlummert. So war ihm die Idee gekommen, seiner Tochter einen recht gut gemachten Zeitungsartikel über Aids anzuvertrauen, und er gab ihr diesen bewußt mit den Worten: „Hier steht alles genau darüber drin. Bewahre dir diesen Artikel auf, und wenn du meinst, du mußt das jetzt wissen, lies ihn genau durch. Dann reden wir miteinander darüber."

Durch diesen Vertrauensbeweis seines Vaters beruhigt, hatte das Kind das Papier in seiner Schublade verstaut, und damit war dieses Thema für es vorerst erledigt. Das kleine Mädchen wußte, daß der Vater seine Frage angenommen hatte und daß das Gespräch darüber offen war. Da sein Vater gemeint hatte, dieses Problem sei für es im Augenblick nicht so dringend, hatte das genügt, um es zu befriedigen.

Wenn man beim Kind etwas abreagiert

Der Wunsch der Eltern, ja nichts falsch zu machen und das Kind nicht irgendwie zu schädigen, verleitet sie gelegentlich dazu, dem Kind manche Dinge viel zu früh zuzumuten. So ist zum Beispiel der Wunsch, dem Kind immer alles so zu sagen, wie es ist, schon fast zwanghaft geworden. Das Anliegen ist ja richtig, sich seiner Verantwortung nicht zu entziehen und zur vollen Wahrheit zu stehen; aber die Eltern tun häufig auf diesem Gebiet viel zu viel des Guten. So viel erwartet ihr Kind in Wirklichkeit noch gar nicht von ihnen. Dem Kind etwas „zu sagen", muß nicht immer unbedingt heißen, „alles zu sagen"; entscheidend ist die richtige Nuancierung. Im übrigen zählt mehr als alles andere nicht das, was man sagt, sondern die Art, wie man es sagt.

Das ist zum Beispiel so im Fall des dreijährigen kleinen Arthur, den ich wegen seines besorgniserregenden phobischen Verhaltens behandle. Dieser kleine Junge ist durch künstliche Befruchtung gezeugt worden, da sein

Vater sich für steril gehalten hatte. Allerdings hatte sich diese Vermutung als falsch erwiesen, als zwei Jahre später unerwartet ein kleiner Bruder Arthurs zur Welt kam. Im Lauf unserer Aussprache erfahre ich, daß Arthurs Mutter ihm das Geheimnis seiner Entstehung auf eine Weise erklärt hat, die meiner Ansicht nach sehr gefühllos war. Sie hat ihm ohne Umstände die Wahrheit gesagt, indem sie ihm erzählte: „Ich habe anderswo ein Samenkorn geholt und in meinen Bauch gesetzt, weil dein Papa keines gehabt hat". Von da an entwickelt Arthur ein gestörtes Sozialverhalten, verschließt sich in sich selbst, ist nicht mehr zu verstehen, wenn er redet oder vielmehr vor sich hinmurmelt. Wenn er vom Kindergarten kommt – in den er übrigens überhaupt nicht mehr gehen will –, wälzt er sich auf dem Boden; er hat die Neigung, sich ständig abzukapseln. Er verschließt sich in endlosen Selbstgesprächen und reagiert nicht einmal, wenn man ihn anspricht. Nichts scheint ihn mehr zu erreichen, und ich finde, er gibt Anlaß zu großer Sorge.

Nach zwei oder drei Sitzungen mit Arthur unter Beisein seiner Mutter bessert sich noch nichts. Da bitte ich, daß Arthur das nächste Mal in Begleitung seines Vaters kommt. Vom ersten Augenblick dieser Begegnung an bin ich frappiert von ihrer beiderseitigen Beklemmung, aber auch davon, wie sehr sie sich gleichen. Immerhin gibt es keinerlei Anzeichen dafür, daß sein Vater nicht sein richtiger Vater ist, sage ich mir. Sehr schnell bringe ich die Frage von Arthurs Entstehen zur Sprache, füge jedoch eine affektive Note hinzu, bei der es vor allem darum geht, daß sich ein Vater ein Kind wünscht, das so aussieht wie er: „Dein Papa hat Hilfe gebraucht, um dich mit deiner Mama als Baby zu machen, weil er sich nicht sicher war, ob er wirklich den Jungen kriegen würde, den er sich vorgestellt hatte. Aber sein Wunsch ist so stark gewesen, daß du ganz genau wie der Junge aussiehst, den er hat haben wollen. Das sieht man ganz deutlich: *du gleichst ihm sehr.*"

Während ich zu ihm spreche, hört der kleine Junge mit seinem einsamen Spielen auf, geht zu seinem Vater, setzt sich auf seinen Schoß und schläft darauf unverzüglich in einer Art völliger Auslieferung ein; es ist, als verschmelze er mit ihm von Körper zu Körper. Warum sollte man in diesem Augenblick nicht tatsächlich diesen für die Mutter-Kind-Beziehung spezifischen Ausdruck auf die Vater-Kind-Beziehung anwenden? „Das hat er bis jetzt noch nie getan", vertraut mir sein Vater an. „Arthur hat immer einen Widerwillen dagegen gehabt, in den Arm genommen zu werden. Schon als Kleinkind war er kontaktscheu."

Der Vater zieht seinem Sohn die Überkleider an und geht mit ihm fort, wobei er ihn wie ein Bündel auf der Schulter trägt. Einige Tage später habe ich Arthur am Telefon, und er berichtet mir mit lauter Stimme, er pflanze Samenkörner, ganz viele Samenkörner von Äpfeln und Birnen, überall im Haus, wo es geht! ...

Das „ganz offene Wort" wirkt durchaus nicht immer so beruhigend auf das Kind, wie gern behauptet wird, sondern im Gegenteil: Eine unbedacht verabreichte Überfülle an Informationen ruft oft die gegenteilige Reaktion hervor, nämlich eine Übersättigung, die dem Kind Angst macht. Das *Kind, bei dem man etwas abreagiert,* versucht dann, sich auf die ihm mögliche Weise gegen die Worte zu schützen; sich gegen ihre Gewalttätigkeit wehren kann es noch nicht. Da es noch nicht über das entsprechende Sprachvermögen verfügt, bedient es sich seines Körpers und entwickelt folglich somatische Symptome, um sein Unwohlsein zum Ausdruck zu bringen und seine Ängste abzureagieren.

Das Anliegen von Françoise Dolto war es, darauf hinzuweisen, daß schon kleine Kinder Persönlichkeiten sind, die man auf eine ihnen gemäße Weise ernst nehmen muß. Das ist allerdings von manchen ganz falsch verstanden und verdreht und damit um seinen ursprünglichen Sinn gebracht worden. Oft standen dann schließlich doch wieder die Interessen der Erwachsenen im Vordergrund, und sie verhielten sich dem Kind gegenüber undifferenziert, ja zuweilen sogar geradezu grotesk. Wenn man nicht richtig versteht, was damit gemeint ist, daß man schon Kinder ganz ernst nehmen solle, fügt man dem Kind womöglich mehr Schaden zu als früher. Früher betrachtete man das Kind einseitig als hilfloses Wesen, dem man nichts zumuten durfte, sondern das schutzbedürftig war; heute dagegen setzt man es der Wirklichkeit aus, ohne diese kindgemäß zu filtern, und das in der irrigen Annahme, alles, was es selbst betreffe, dürfe es auch voll und ganz zu hören bekommen. Gestärkt von dieser Überzeugung und obendrein noch aus Sorge, das Kind ja *pädagogisch* optimal zu erziehen, gehen die Eltern so weit, daß sie dieses Alibi sogar dazu verwenden, dem Kind Lebensveränderungen zuzumuten, deren Auswirkungen sie einfach nicht wahrhaben wollen.

Wenn die Eltern sich scheiden lassen

So trennen sich heute die Paare sehr viel leichter. Sie leben mit der Vorstellung, es genüge, den Kindern, und auch schon den ganz kleinen, die neue Lage zu erklären, und damit sei das alles für sie dann gar nicht mehr so problematisch. Zweifellos ist es tatsächlich ein Fortschritt, daß man sich heute bemüht, den Kindern alles zu erklären. Aber selbst wenn sich die Eltern erleichtert fühlen, wenn sie ihren Kindern *alles* gesagt und ihnen die *volle Wahrheit* eröffnet haben, muß das noch lange nicht heißen, daß das auch für die Kinder eine Erleichterung ist, denn diese können mit ihrem Gefühlsleben sehr viel schwerer umgehen als die Erwachsenen. Ich bin durchaus dafür, daß man dem Kind alles ehrlich so erklärt, wie es wirklich ist. Doch möchte ich darauf hinweisen, daß man dabei auf keinen Fall einen weit wichtigeren Punkt aus dem Auge verlieren darf: Man muß auf die Sensibilität des Kindes Rücksicht nehmen. Deshalb muß man sich darüber im klaren sein, daß das Kind, selbst wenn es die Fakten begreift, nicht unbedingt die Fähigkeit besitzt, sich mühelos an eine neue Situation anzupassen, die es unvermeidlich als destabilisierend und verunsichernd erlebt.

Ist es ein Wunder, daß manche in ihr weiteres Leben den schmerzlichen Eindruck mitnehmen, damals habe man ihnen zwar viel zugemutet, doch bei der Entscheidung, sich zu trennen, habe man sie ganz übergangen und einfach vor vollendete Tatsachen gestellt? Jemand hat einmal seine Bitterkeit darüber mit der Bemerkung ausgedrückt, er habe schon sehr früh den Eindruck bekommen, „die Familie habe heutzutage lediglich den Wert eines Paars Schuhe: Wenn sie abgenutzt ist, wirft man sie einfach weg und kauft sich eine neue". Das gleiche Gefühl der Unsicherheit verrät die angstvolle Frage eines Sechsjährigen, dessen Eltern sich hatten scheiden lassen und der sich an eine neue Familienkonstellation angepaßt hatte: „Kann man sich eigentlich immer wieder scheiden lassen?"

Die Tatsache, daß ein Kind „die Wahrheit, und zwar die volle Wahrheit" erfahren hat, bedeutet also nicht, daß es diese auch verarbeitet hat, oder daß es fähig ist, ihre Konsequenzen und das sich daraus ergebende Leiden zu ertragen. Seit man meint, man könne es den Kindern zumuten, daß ihnen ihre Eltern alles sagen und daß sie das begreifen können, scheint das die bedauerliche Nebenwirkung zu haben, daß sich die Eltern ihre Entscheidung wesentlich leichter machen. Die Zweifel, ob ihre Entscheidung mit Rücksicht auf die Kinder richtig und vertretbar ist, sind damit wesentlich reduziert. Die Kinder sollen sich gefälligst dem Wunsch ihrer Eltern anpassen, die sich damit entschuldigen, daß sie ihnen ja „alles offen gesagt" haben. Damit aber entziehen sie sich ein Stück weit ihrer Verantwortung.

Genau auf das Kind hören

In ihrem Wunsch, ihrem Kind alles zu sagen, muten die Erwachsenen diesem Kind paradoxerweise endlose komplizierte Erklärungen zu, wo normalerweise einfache und präzise Antworten genügen würden. Dabei verkennen sie, wie weit das Kind bereits für das, was man ihm – und wie man es ihm – sagt, reif ist. Sie unterlassen es, wirklich auf das Kind zu hören und ihm dann seine Frage genau auf dem Niveau zu beantworten, auf dem es sie stellt. Wenn ein Erwachsener zu schnell alle Fragen beantwortet, bedeutet das oft, daß er unbewußt den Eindruck erwecken will, er wisse alles ganz genau; zudem spielt er dann seine Macht gegen das Kind aus.

Außerdem vermeidet er es allzusehr, Vermutungen oder Wahrscheinlichkeiten zu äußern. In Wirklichkeit ist es für ein Kind sehr fruchtbar, wenn man Möglichkeiten offen läßt. Gibt man ihm genügend Zeit, kann es mit solchen offenen Möglichkeiten recht gut umgehen. Nicht jede Frage, die ein Kind stellt, verlangt nämlich eine unmittelbare und erschöpfende Antwort. Ja, manche Kinder wollen gar nicht alles zu schnell wissen, selbst wenn sie danach fragen. Das hat eine junge Mutter erlebt, die mir erzählte, sie habe ihrem Töchterchen immer gleich „alles erklären" wollen, wenn dieses ihr Fragen gestellt habe; aber das Kind habe sich energisch dagegen verwahrt und gesagt: „Das will ich aber doch gar nicht wissen!" Das galt sowohl für ganz belanglose als auch für wesentliche Fragen des Lebens. Kinder wollen sich nämlich oft möglichst lange ihre Illusionen bewahren und haben nicht unbedingt den Wunsch, alle Wahrheiten zu kennen, die sie beeinträchtigen. Darauf haben sie ein Recht, das wir viel mehr achten müßten. Man könnte die Fähigkeit eines Kindes, fast auf der Stelle eine Auskunft zu vergessen, um wenig später wieder mit genau der gleichen Frage daherzukommen, fast als Beweis dafür nehmen, daß es diese Frage im Grunde genommen an sich selbst stellt. So verwahrt es sich mit Recht dagegen, allzusehr vom Wissen des Erwachsenen überrollt zu werden.

Wenn die Erwachsenen den Fragen des Kindes zu rasch zuvorkommen und nicht genau auf das eingehen, was das Kind eigentlich wissen will, muten sie dem Kind eine Anstrengung zu, für die es in seinem Alter vielleicht noch nicht gerüstet ist, und es kann dadurch einen Schaden erleiden, der nur schwer wieder gutzumachen ist.

Kleine Kinder, die auf diese Weise überfordert werden, bringen ihr Unbehagen auf die ihnen mögliche Art zum Ausdruck, nämlich mittels eines breiten Spektrums von Störungen in ihren Körperfunktionen oder ihrem Verhalten. Das Kind hält die Illusion aufrecht, es passe sich an die Lage an, versucht aber unbewußt, sich gegen das Übermaß an Information, die es gelegentlich nur recht schwer verarbeiten kann, abzuschirmen. Oft bleibt ihm gar nichts anderes übrig, als sich auf sich selbst zurückzuziehen und in eine innere Welt abzutauchen, zu der seine Eltern keinen Zugang haben. Zuweilen führt das in eine Isolation, die für sein Gleichgewicht im weiteren Leben höchst gefährlich ist.

Verursacht sind diese Symptome durch die fordernde Haltung der Eltern, die auf ihre Kinder massiven Druck ausüben. Solche Eltern sind vom Mythos der Leistungsgesellschaft besessen und verlangen von ihrem Kind, daß es pausenlos dazulernt. Diese Forderung beeinträchtigt jedoch das Recht des Kindes, zu träumen und sich Phantasien hinzugeben, die seiner psychischen und affektiven Entwicklung angemessen sind.

Anton ist ein Siebenjähriger, der in der Schule eindeutig weit voraus ist, aber seine Eltern bringen ihn zu mir, weil er Verhaltensprobleme hat und schlecht schlafen kann. Als ältestes von vier in rascher Folge hintereinander geborenen Kindern ist Anton auf seine Geschwister sehr eifersüchtig. Die Eltern sind ganz für ihre Kinder da, die für sie an allererster Stelle stehen. Doch Anton fordert von ihnen zunehmend mehr Aufmerksamkeit ein, ohne jemals das Gefühl zu haben, genug zu bekommen. Er ist mit seinen Ansprüchen so penetrant, daß seine Mutter sich dabei ertappt, Gefühle schlimmer Abneigung gegen dieses Kind zu haben, das sie derart mit Beschlag belegt, daß sie bereits ihre anderen Kinder vernachlässigt. Zudem verlangt Anton abends, daß Vater oder Mutter so lange an seinem Bett bleiben, bis er einschläft. Während der Nacht läßt er ihnen dann aber auch keine Ruhe. Er ist in jeder Hinsicht unersättlich und tyrannisch.

Die Mutter macht sich viele Gedanken über Erziehungsfragen und versichert mir, vor und nach der Geburt ihres Ältesten habe sie sich sehr intensiv mit diesem Thema befaßt. Sie hat immer darauf geachtet, ihrem Sohn genau alle Beweggründe ihres Tuns und Verhaltens zu erklären, und zwar aus dem Wunsch heraus, dem Kind jede Unklarheit und unbedachte Phantasie zu ersparen. Sie gesteht sogar ihre Sorge, „vielleicht hie und da aus Unachtsamkeit auf irgendeine wichtige Aussage meines Kindes nicht eingegangen zu sein". Diese ständige Sorge ist sogar während unseres Gesprächs spürbar: Sobald sich Anton mit einer Frage an sie wendet, bricht sie unsere Unterhaltung mitten im Satz ab, um ihm mit einer absoluten, an totale Selbstverleugnung grenzenden Verfügbarkeit ausführlich Antwort zu geben, was bei mir eine gewisse Ungeduld auslöst ...

Das Verhalten Antons gegenüber seiner Mutter, der er jeden Augenblick ins Wort fällt, läßt sich als ständige Bestätigung dafür deuten, daß er sie voll im Griff hat. Die Mutter legt eine pausenlose Verfügbarkeit an den Tag, doch sie überspielt eine unterschwellige Aggressivität mit dem spürbar beherrschten Ton, mit dem sie ihrem Sohn Rede und Antwort steht.

Ich erfahre, daß er in der Schule im Unterricht immer allen voraus ist, sich aber vor den anderen Kindern zurückzieht und nicht mit ihnen spielt. Er integriert sich nirgends, weder in Gruppen von Kindern noch in Gruppen von Erwachsenen, sofern diese ihm nicht das selbe Maß an Aufmerksamkeit zukommen lassen wie seiner Mutter. Dieses Kind scheint unfähig, sich an eine Umgebung anzupassen, die nicht genauso auf es abgestimmt ist wie seine Familie daheim, wo sich alle im Übermaß auf seine Ansprüche einstellen. In gewisser Hinsicht hat er nicht jene Kommunikationsform mit den anderen gelernt, die es ihm ermöglicht, autonom zu werden und gleichzeitig mit Hilfe von Spielen oder Worten den Kontakt aufrechtzuerhalten. Statt ihn zu ermutigen, selbständig seine Umgebung zu entdecken, haben ihn seine Eltern in bester Absicht verfrüht mit abstrakten Informationen überschüttet und einseitig seine Fähigkeit zum vernünftigen Denken gefördert. Dabei ist seine Fähigkeit, die Welt mittels eigenen „Spürens" zu erkunden, auf der Strecke geblieben. Es blieb ihm nichts anderes mehr übrig, als sich den Erwartungen seiner Eltern anzupassen.

Das Ich eines Kindes baut sich nach und nach in dem Maß auf, in dem es im Lauf seiner Erfahrung, von der Sorge seiner Mutter und anderer Erwachsener abhängig zu sein, die unterschiedlichsten Empfindungen wahrnimmt. Es wird dabei vor die Notwendigkeit gestellt, sich mit der Außenwelt auseinanderzusetzen, und das tut es auch tatsächlich und bezahlt dabei den Preis vielfältiger Frustrationen und unvermeidlicher Enttäuschungen. Solche Enttäuschungen erlebt es als Kleinkind häufig, und sie wecken in ihm Gefühle von Aggression und Angst, für die es eine Ausdrucksmöglichkeit finden muß. Findet es diese nicht, weil ihm seine Mutter das Abreagieren dieser Gefühle abbremst, indem sie ihnen mit Gleichgültigkeit begegnet oder mit übertriebener Fürsorge zuvorkommt, so bleibt dem Kind keine andere Möglichkeit, als Abwehrmechanismen zu entwickeln, die es ihm gestatten, sich nicht zu sehr schutzlos auszuliefern.

Anton war auf diesem Gebiet des Individuationsprozesses stecken und zu sehr seinen Eltern, vor allem seiner Mutter, verhaftet geblieben. In der Beziehung zu ihr suchte er nach Sicherheit gegenüber den Bedrohungen der Außenwelt, die ein Kind besonders stark empfindet, wenn sein Ich nur schwach entwickelt und fast gar nicht selbständig ist. Die Mutter Antons hatte sich derart auf ihn fixiert, daß sie immer seinen Wünschen zuvorkam und ihm gar nicht die Möglichkeit ließ, Frustrationen und die sich daraus ergebende Aggression zu empfinden. So war Anton unfähig gewesen, gegenüber der Außenwelt angemessene Abwehrmechanismen zu entwickeln. Seine einzige Zuflucht bestand darin, ständig mit der Mutter verschmolzen zu bleiben und bei ihr eine Nähe zu erfahren, die kaum die Gefahr bot, jemals enttäuscht zu werden. Indem die Mutter jede Äußerung aggressiver Gefühle vermieden hatte, sowohl bei ihrem Kind als auch bei sich selbst (denn es ist sowohl notwendig, die natürliche Aggressivität des Kindes anzuerkennen und ihr vernünftigen Widerstand zu leisten, als auch die eigene Aggressivität, die man ihm gegenüber empfinden kann, zuzulassen), war es ihr gelungen, von ihrer Beziehung jeden unangenehmen Konflikt fernzuhalten. Diese Situation hatte bei Anton zu völlig übersteigerten Erwartungen geführt, so daß ihm schließlich keine Freude mehr genügte, um seinem Anspruch auf stete Sofortbefriedigung gerecht zu werden.

Damit sich ein Kind psychisch und affektiv harmonisch entwickeln kann, bedarf es eines ausgewogenen Maßes an emotionalen Spannungen und „Bestätigungen", die es erfährt, wenn es mit den Menschen seiner Umgebung in Beziehung tritt. Diese müssen ihm bestimmte Grenzen setzen. Ein gesundes Spannungsverhältnis von Abgrenzung und Bestätigung bereichert das Kind und hilft ihm, jene innere Struktur zu entwickeln, die es braucht, um sich für die Welt öffnen und sich mit ihr auseinandersetzen zu können. Eine authentische Kommunikation zwischen dem Kind und dem Erwachsenen findet dann statt, wenn das ehrliche Wort mit dem *Gefühl der Zuneigung* verknüpft wird. Dann entwickeln sich simultan Intelligenz und Gefühlsleben. Es ist verhängnisvoll, wenn man das eine auf Kosten des anderen überbetont. Das machen allzu häufig Eltern, denen in erster Linie daran liegt, daß ihr Kind hervorragende Leistungen an den Tag legt.

Eltern in der Lehrerrolle und Kinder als kleine Gelehrte

Daraus ergibt sich, daß beim Austausch zwischen Eltern und Kind unsere Rolle vor allem darin besteht, dem Kind seine Fragen wie Bälle zurückzuwerfen, damit es tastend selbst die seinem Alter gemäßen Antworten darauf findet. Man sollte ja nicht die Entwicklungsstufe, auf der es sich gerade befindet, überspringen und womöglich seine Neugier abstumpfen. Wenn man nicht alles ganz „wissenschaftlich" erklärt, sagt man noch lange nicht die Unwahrheit. Die Poesie ist nicht weniger wertvoll als das vernünftige Wort, welches nur ein einziges Register für das Denken zieht, wo es doch deren viele gibt, die wir jedoch viel zu wenig entwickeln.

Es ist nicht notwendig, dem Kind schon so früh wie möglich die Grundlagen der sogenannten exakten Wissenschaft zu erschließen. Das würde oft lange und komplizierte Erklärungen erfordern, welche für das Kind in diesem Alter viel zu spröd und unangemessen sind. Das hat nur zur Folge, daß das Kind davon übersättigt und entmutigt wird und gar nicht erst anfängt, die Welt, in der es lebt, in dem ihm gemäßen Rhythmus zu entziffern. Im wesentlichen kommt es darauf an, die Beobachtungsgabe des Kindes wahrzunehmen und zu ermutigen und ihm dann zu helfen, seine Fragen und die Gefühle, die sie in ihm hervorrufen, ins Wort zu bringen.

Bei der Kommunikation mit dem Kind kommt es vor allem darauf an, mit ihm gemeinsam *eine möglichst große Bandbreite an Wahrnehmungen und Gefühlen* zu entdecken. Dabei soll es seine eigenen Entdeckungen machen und diese miteinander verknüpfen. Seine eigenen Beobachtungen und die Fragen, die sie auslösen, stimulieren seine persönliche Entdeckungslust und scheinen ihm am besten bei seiner Entwicklung zu helfen. Vorschnelle Lösungen und Erklärungen dagegen haben den Nachteil, daß sie seine natürliche Lust, Neues aufzuspüren, erdrücken. Es wird dann eher passiv und hörig.

Zuerst einmal sollten wir unseren Kindern ein großes Vertrauen entgegenbringen. Brauchen sie denn wissenschaftliche Grundlagen dafür, um das Gehen, Spielen oder Sprechen zu lernen? Sie finden das alles von allein und eignen es sich vollständig an, sofern sie nur in eine soziale Gruppe eingebunden sind, die ihre eigenen Anstrengungen unterstützt und ermutigt. Im allgemeinen erwirbt sich ein Kind sein Sprachvermögen, das ihm das Symboldenken und die Fähigkeit zum Abstrahieren erschließt, nur dank des *Badens in Wörtern*, die es nach und nach mit verblüffender Leichtigkeit entziffert (ein Vorgang, der übrigens noch lange nicht genügend erforscht ist). Warum sollte das auf anderen Gebieten anders sein, wenn sich das Kind zunehmend mehr mit der Wirklichkeit vertraut macht?

Das Fazit aus diesen Überlegungen lautet, daß sich der Erwachsene *damit begnügen* sollte, das Kind bei seiner persönlichen Entwicklung, die es dank eigener Entdeckungen macht, zu ermutigen. Dazu gehört durchaus auch eine gewisse Führung, die es vor allzu großen Risiken bewahrt. Man sollte das Kind also nur begleiten, um dem zu „dienen", „was sich von allein ergibt, ohne daß man sich zum Lehrer aufspielt; man sollte nur ein Mittler zwischen dem Kind und dem Unsichtbaren sein – nicht mehr und nicht weniger als ein Vermittler"[2].

Wenn sich das Kind auf unser Wohlwollen und Vertrauen stützen kann, entwickelt es unweigerlich Mut und entdeckt nach und nach alle seine Fähigkeiten und die sich daraus ergebende Lust, sie aktiv zu gebrauchen. Im Gegensatz dazu kann es ein Übermaß an abstrakten Informationen, mit denen es vollgestopft wird, nur passiv aufnehmen; ein *Übermaß an Wörtern* dämpft seine Neugier und bremst die Entwicklung seines Phantasievermögens. Dann wird das Kind zum *Objekt*, das sich einem System unterwirft, dem schon seine Eltern zum Opfer gefallen sind.

Wenn man Kindern vorwiegend akademisches Wis-

---

[2] Christian Bobin, *L'Épuisement*, 1994, 24

sen einflößt, weil man sie zu leistungsfähigen Erwachsenen heranziehen will, die für die Zukunft *gerüstet* sein sollen, macht man sie im Grunde zu „Kinderslaven" – zunächst zu Sklaven der Wünsche ihrer Eltern, und später zu Sklaven einer Gesellschaft, deren oberstes Gebot die Nützlichkeit ist. Damit werden schon früh ihre Fähigkeiten zum Phantasieren und Träumen verödet, und man führt sie in eine Sackgasse. In Wirklichkeit geht es nicht in erster Linie darum, den Kinder ein Wissen zu vermitteln, sondern ihnen im steten Hin und Her zwischen Kind und Eltern täglich neu ein waches „Gespür" zu erschließen. Man kann nur wünschen, daß die Zeit bald vorbei ist, in der sich Eltern als Lehrer gebärden und aus ihren Kindern kleine, mit Informationen vollgestopfte Gelehrte machen wollen. Dieses Verhalten birgt eine reale Gefahr in sich. Der Zwang, „Erfolg" haben zu müssen – und zwar immer früher, immer jünger –, beherrscht wie ein absolutes Dogma unsere Gesellschaft. Eltern, die sich davon tyrannisieren lassen und ihre Kinder um jeden Preis darauf trimmen wollen, zwingen diesen ihre eigenen Ansichten auf und beschwören die Gefahr, daß sie später zu keinerlei eigenständigen Initiativen mehr fähig sind.

So wunderte sich zum Beispiel eine Mutter, die Sprachlehrerin war, daß ihr Kind plötzlich zu stottern anfing, obwohl sie es doch vom Kleinkindalter an im Übermaß belehrt und ihm unablässig die Namen aller Gegenstände beigebracht hatte. Mit achtzehn Monaten waren diesem kleinen Jungen bereits alle Tierlaute geläufig, und er verfügte obendrein über ein für sein Alter erstaunlich reiches Vokabular. Er war für seine Mutter ein „ideales Kind" geworden – bis zu dem Tag, wo er zu stottern anfing. Wahrscheinlich wollte er mit der Äußerung dieses

Symptoms nur versuchen, den pausenlosen Informationsfluß seitens seiner Mutter zu unterbrechen.

Man kann beobachten, daß sich heute viele Eltern große Mühe mit dem wissensmäßigen Unterricht ihrer Kinder geben, es hingegen versäumen, ihre Kinder auch auf affektivem Gebiet auszubilden. Damit vernachlässigen sie deren Einführung ins Leben, für die sie eigentlich zuständig sind. Die Kinder sollen möglichst früh lesen lernen und werden zum Musikunterricht geschickt, und das alles dient dem Zweck, ihnen möglichst viel beizubringen, damit sie eindrucksvolle Leistungen vorzeigen können. Aber paradoxerweise bremst man gerade dadurch, daß man ihnen verfrüht zu viel zumutet und ihre Ausbildung zu weit vorantreibt, ihren Wissensdrang bedenklich ab.

Man muß sich doch an den Kopf greifen, wenn man eine Mutter, die ihr dreimonatiges Kind in der Kinderkrippe anmeldet, fragen hört: „Und wie sieht seine Ausbildung aus?" Und kaum kommt das Kind in den Kindergarten, macht man sich schon Sorgen, daß es ja früh genug lesen lernt und das Abitur schafft! Immer mehr Bücher kommen auf den Markt, die Titel tragen wie: „Leseübungen für Dreijährige", „Unser Kind erwacht", „Lernübungen für Kleinkinder" ... Solche oder ähnliche Titel sagen schon alles ... Wenn aber alles zum Lern- und Unterrichtsstoff umfunktioniert wird, wo bleibt dann noch Platz für den freien Selbstausdruck des Kindes?

In Wirklichkeit kommt es ganz wesentlich darauf an, daß das Kind selbst das Beobachten lernt und die sich daraus ergebenden Vorstellungen und Einfälle miteinander verknüpft. Ein zweieinhalbjähriger Junge war mit seinen Eltern im Auto unterwegs, als sich unverse-

hens die Sonne verfinsterte und ein heftiger Frühjahrs-
wolkenbruch einsetzte. Der Junge fragte seine Eltern,
warum so plötzlich die Sonne verschwunden sei. Ohne
die Antwort der Eltern abzuwarten – zweifellos, weil
man ihm genügend Zeit gelassen hatte, um seine eigene
Antwort zu finden –, deutete er dieses Phänomen tri-
umphierend auf seine Weise: „Ich weiß, warum: Der
Regen hat die Sonne ausgelöscht!" Offensichtlich
stellte er also einen Zusammenhang zwischen den Eigenschaften des Wassers und des Feuers her. Er hatte
diese richtig erfaßt und wandte sie intuitiv auf das so-
eben erlebte Naturschauspiel an. Wenn das Wasser die
Macht hat, das Feuer zu löschen, warum sollte das nicht
auch für den Regen und die Sonne gelten?

Es wäre wenig sinnvoll gewesen, dem Kind diese
Entdeckung auszureden. Es hatte ganz richtig versucht,
das Verhältnis der beiden Elemente zueinander zu bestimmen und sich damit etwas zu erklären, was es gerade erlebt hatte. Seine Eltern beschränkten sich darauf,
ihm zu seiner Erkenntnis zu gratulieren, die ja nicht der
Poesie ermangelt.

II. Das „entfremdete" Kind

„Wenn ihr allen Irrtümern die Tür verschließt, kann auch die Wahrheit nicht herein."

Rabinadrath Tagore

„Nicht das Hinfallen ist schlimm, sondern es ist schlimm, wenn man dort liegenbleibt, wo man hingefallen ist."

Sokrates

Spielen, um zu spielen

Die siebenjährige Greta ist die einzige und späte Tochter eines Elternpaars, das lange auf ein Kind gehofft hat. Als sie endlich kam, waren ihre Eltern überglücklich. Greta ist ein frühreifes, kluges Kind, das schon erstaunlich gescheite Dinge sagt, aber sie hat akute Schlafstörungen, verbunden mit schrecklichen Ängsten, in der Schule zu versagen. Bislang hat sie alle Erwartungen ihrer Eltern und auch Lehrer erfüllt, die angesichts dieser beträchtlichen und gleichzeitig ungewöhnlichen Schwierigkeiten völlig überrascht und hilflos sind.

Aber nichts hilft. Zudem verfällt Greta in einen Zustand besorgniserregender Appetitlosigkeit. Die Welt des Materiellen zählt für sie überhaupt nicht mehr. Schwermütig und überängstlich lebt sie nur noch für ihre Hausaufgaben. Alles andere übt auf sie keine Anziehungskraft mehr aus. Unglücklicherweise hat sie auch keinerlei Interesse für eine Freundschaft, und kein freundschaftliches Verhältnis kann ihre zu enge Bindung an ihre Eltern etwas auflockern. Greta begnügt sich damit, immer in Gegenwart ihrer Eltern zu spielen, und ihre Beziehung zu anderen Menschen beschränkt sich auf dieses Abhängigkeitsverhältnis zu ihren Eltern.

Diese haben immer betont kulturellen Aktivitäten den Vorzug gegeben mit dem Anliegen, ihrer Tochter ein Höchstmaß an intellektueller Anregung zu bieten. Die Mutter fühlt sich plötzlich sehr schuldig, denn ihr kommt, sie habe wohl überstark den Umstand vernachlässigt, daß auch freies Spielen etwas sehr Konstruktives an sich hat. Sie hatte ihr Kind immer bewußt zu „pädagogisch wertvollen" Beschäftigungen angehalten. Im Verlauf unserer Sitzungen versuche ich, Greta nach und nach die Welt des Spielens um des Spielens willen zu erschließen, also das zweckfreie Tun. Allmählich findet sie daran recht großen Gefallen, und schließlich nimmt sie ohne mein Wissen die Puppe und die Säuglingsflasche aus der Spielkiste in meiner Praxis mit sich nach Hause. Verblüfft beobachten die Eltern die *Regression* ihrer Tochter: Mittels der Puppe ist sie dabei, nach und nach wieder Zugang zu ihrer Phantasiewelt als kleines Kind zu finden, die man ihr allzufrüh weggenommen hatte.

Bald erfahre ich, daß Greta ihren Eltern verboten hat, ihr Zimmer zu betreten, wo sie sich, deren Aufsicht entzogen, der Beschäftigung hingibt, sich ihre ganz eigene Welt aufzubauen. Zu ihrer großen Überraschung verlangt sie nach Spielsachen und vernachlässigt eine Zeitlang ihre Bücher, deren Stapel unbeachtet in einer Ecke herumliegt. Im Verlauf dieser augenscheinlichen Regression, die einige Wochen anhält, entdeckt Greta mit

Erfolg ihre schöpferischen Fähigkeiten, bis sie wieder ein ausgeglicheneres Leben anfängt, das sowohl Zeit für das Spielen vorsieht als auch für das Lernen, welches aber jetzt seinen angemessenen Platz erhält. Weil sie eine neue innere Welt entdeckt hat, die sie bislang gar nicht gekannt hatte, wird sie jetzt auch fähig, in der Pause mit anderen Kindern zu spielen, und sie genießt es, zur Gruppe der anderen dazuzugehören. Zum ersten Mal schafft sie es sogar, über Nacht bei einer kleinen Freundin zu bleiben, was vorher unvorstellbar gewesen wäre. Das ist der Zeitpunkt, an dem ich es für richtig halte, unsere gemeinsame Arbeit abzuschließen, denn jetzt habe ich den Eindruck, daß sie mit Vertrauen auf die Außenwelt zugehen und sich mit ihr angemessen auseinandersetzen kann.

Greta hat es geschafft, sich von der erdrückenden Gängelung durch ihre Eltern zu befreien und selbständig zu werden. Dazu hat ihr die Freiheit geholfen, die sie beim Spielen entdeckt hatte. Eines Tages kam sie fast mit einer Art Triumph heim und zeigte eine ziemlich schlechte Note in ihrem Schulheft. Das war für mich ein Zeichen, daß sie jetzt psychisch sehr viel mehr im Lot war als früher! Denn angesichts eines kleinen Mißerfolgs war sie jetzt in der Lage, deswegen nicht gleich eine Katastrophe in ihrer Familie zu befürchten. Sie hatte das ganz neue Gefühl, wie alle anderen und von diesen akzeptiert zu sein.

Nur wenn ein Kind das für Kinder typische phantasievolle Spielen lernt, findet es die Möglichkeit, seine Schwierigkeiten zum Ausdruck zu bringen. Greta hatte das Bedürfnis, sich von der Angst zu befreien, ihre Eltern zu enttäuschen, wenn sie nicht immer die Klassenbeste war.

Was die Eltern wollen und was das Kind will

Man kann daran ermessen, wie gefährlich es ist, wenn man unbewußt das Wollen der Eltern mit dem Wollen des Kindes vermengt und dabei das, was das Kind eigentlich will, abgewertet und abgetan wird zugunsten dessen, was die Eltern wollen. Dann hält das Kind den Willen der Eltern für seinen eigenen, was ganz und gar nicht stimmt. Oft muß das Kind dann hartnäckig darum kämpfen, sich von dem Einfluß zu befreien, der es sich selbst entfremdet, nämlich vom Willen seiner Eltern, es solle „anders" sein als es selbst will. Das Kind ist natürlich nicht dazu da, seinen Eltern Befriedigung zu verschaffen und zu einem Abklatsch ihrer Ideale zu werden.

Schon vom frühesten Alter ab ist das Kind ein individuelles Menschenwesen, das Vertrauen erfahren muß, um seine eigenen Wege einschlagen zu können. Damit müssen sich alle Eltern abfinden, die es besonders gut meinen und nur eines wollen: daß ihr Kind genau das erreicht, was sie für es vorgesehen haben.

Mathilde ist schon fünfzehn Jahre alt, als sie in die Sprechstunde kommt, weil sie starke Hemmungen hat, besonders gegenüber gleichaltrigen Jugendlichen. Sie fühlt sich ständig vom Anspruch überfordert, mit den anderen in Kontakt zu treten und sagt, sie sei wie gelähmt vor Angst.

Sie ist ein hübsches junges Mädchen und eine ausgezeichnete Schülerin, der in der Schule nichts zuviel ist, denn in ihren Augen hat die Schule den Vorrang vor allem anderen. Sie gibt im übrigen zu, sich anders als die anderen, ja sich ihnen allen überlegen zu fühlen,

*weil sie in der Schule so gut ist, was allerdings die ne-
gative Auswirkung hat, daß sie das von den anderen
isoliert. Das hindert sie jedoch nicht, im Sport hervorragend zu sein und bei Wettkämpfen an der Spitze zu
liegen. Kurzum, sie wäre ein „perfektes" Kind, wenn es
da nicht die Schwierigkeit gäbe, daß sie nicht mit den
anderen zurechtkommt, von denen sie sich abgelehnt
fühlt, weil sie so ganz anders ist. Das Leben Mathildes
ist recht leidvoll geworden, weil sie zutiefst einsam ist
und weder in der Schule noch sonst Freundinnen hat.
Zudem kommt ihr alles, was die anderen Jugendlichen
machen, hohl und lächerlich vor. Da sie also keinerlei
Kontakt zu den anderen hat, bleibt ihr nichts anderes
übrig, als sich in sich selbst zurückzuziehen. Alle ihre
ungeschickten Versuche, von den anderen anerkannt
zu werden, scheitern, und das enttäuscht sie nur umso
mehr. Sie verbittert darüber ziemlich und hat den Eindruck, kein Mensch interessiere sich für sie. Das erste
Mal in ihrem Leben bringt sie ein zunehmendes Desin-
teresse für die Schule zum Ausdruck, und ich entdecke
an ihr die ersten Anzeichen einer latenten Depression.*

Bei unseren Vorgesprächen erzählt mir Mathildes
Mutter, daß sie als kleines Kind außergewöhnlich ge-
lehrig und fügsam gewesen sei und niemals in irgendeiner Form Widerstand gegen sie oder ihren Mann gelei-
stet habe (falls solche Ansätze nicht schon abgeblockt
worden sind, bevor sie überhaupt richtig bei ihr aufkommen konnten ...). Mathilde selbst erinnert sich,
ihre Eltern seien immer allgegenwärtig gewesen, wenn
sie irgendetwas getan und auch, wenn sie gespielt habe,
und bei der Auswahl ihrer Spielsachen sei immer darauf
geachtet worden, daß sie pädagogisch wertvoll gewesen
seien. Sie entsinnt sich nicht, jemals mit einer Puppe

gespielt oder frei herumphantasiert zu haben. Zwar habe es ihr nie an etwas gefehlt, aber ihre Kindheit komme ihr so vor, als sei sie glanzlos und immer anstrengend gewesen. Unter diesen strengen Verhältnissen hatte sie nie die Erfahrung gemacht, einfach spontan spielen zu können. Alles, was sie tat, war bewußt darauf ausgerichtet gewesen, irgend etwas zu lernen, und immer habe sie unter der Aufsicht ihrer Eltern gelebt. Da Mathilde in einer ausschließlich rationalen, von ihren Eltern gestalteten Welt hatte leben müssen, konnte sie sich überhaupt nicht daran erinnern, jemals die Freiheit erlebt zu haben, die Welt der Phantasie zu erkunden.

Oft geschieht es, daß Kinder einem subtilen Druck ausgesetzt sind, einer Art Zwang, den manche Eltern ausüben, und dieser wirkt sich dann so aus, daß sie schon sehr früh darauf verzichten, einer angeborenen Neigung zur Welt des Magisch-Phantastischen zu folgen. Solche Erwachsene begegnen entsprechenden Ansätzen des Kindes, die sie nicht unter Kontrolle haben, mit Mißbilligung, und dabei werden sie vor allem vom Mythos der Rentabilität beeinflußt, der typisch für unsere Gegenwart ist. Manche Eltern halten der Welt ihres Kindes jede Tätigkeit fern, die nicht in den Rahmen eines verfrühten Wettbewerbsdenkens paßt, und sie richten ihre Kinder darauf ab – ja „verdammen" sie dazu –, unbedingt „Erfolg" zu haben.

In Familien dieser Art wirkt sich diese Mentalität bis in den Sport hinein aus, wo dieser nur noch als gute Gelegenheit mißbraucht wird, sich auf die Wettkämpfe des Lebens einzuüben. Der Preis dafür sind zusätzliche Versagensängste. Die reine Freude am Spiel wird erdrückt vom Zwang, hervorragenden Leistungen zustande zu bringen, das Spiel wird verzweckt zur Einübung auf die Wettkämpfe im späteren Leben.

Vor den Schulferien hatte Mathilde die Wahl zwischen der Teilnahme an einem Tennisturnier, weil sie im Tennis hervorragend war, oder dem Mitmachen bei einer Segeltour, was ein sportliches Gemeinschaftsunternehmen gewesen wäre, das sie noch nie erlebt hatte und das sie sehr reizte. So war es typisch, daß es ihren Eltern gelang, sie zum Tennisturnier zu überreden, obwohl sie beim Gedanken daran einen großen Leistungsdruck verspürte. Mathilde verzichtete also auf das, was sie sich eigentlich wünschte, zugunsten dessen, was ihre Eltern wollten, und sie nahm widerwillig an dem betreffenden Turnier teil, bei dem sie – ist das ein Wunder? – versagte. Folglich mußte sie, als sie heimkam, auch noch die Kritik ihrer Eltern und die Schuldgefühle, die ihr diese gaben, einstecken. Ich will noch hinzufügen, daß der Entschluß dieser Eltern, sie in psychotherapeutische Behandlung zu geben, auch keineswegs dem Wunsch entsprang, ihr endlich zu helfen, das zu entdecken, was sie selbst wollte und ihr eigenes, wahres Ich zu finden. Nein, sie sagten ausdrücklich, das Ziel sei, daß sie wieder leistungsfähig und in der Schule und beim Sport so gut wie früher werden solle.

Diese Verleugnung ihrer selbst hatte bei Mathilde nach und nach zu depressiven Symptomen geführt, die sich so niederschlugen, daß ihre Leistungen in Schule und Sport zurückgingen. Auf diese Weise zahlte Mathilde den Preis für ihre bedingungslose Unterwerfung unter die Autorität ihrer Eltern und alles, was diese für sie vorausgeplant hatten.

Man kann ermessen, welche Folgen eine solche Einstellung haben kann; letztlich läuft das auf den „Tod" je-

nes individuellen Menschen hinaus, auf den jedes Kind
angelegt ist. Hermann Hesse hat geschrieben, das Leben
jedes Menschen sei ein Weg zu sich selbst, oder vielmehr
der Versuch oder die Skizze eines Wegs. Niemand
komme je so weit, ganz er selbst zu werden, aber jeder
versuche, es zu werden – der eine undeutlicher, der andere klarsichtiger –, jeder eben gemäß seinen Fähigkeiten.

Das Kind, das erreichen soll, was die Eltern verpaßt haben

Für jedes Kind bedeutet der Umstand, seine Verweigerung nicht zum Ausdruck bringen zu können, eine
Form der Entfremdung von seinem Ich; es wird zu einem gelehrigen Wesen, das völlig der „Dressur" ausgeliefert ist, die man ihm zuteil werden läßt. Dabei wird
das Kind zum bloßen Objekt reduziert. Wenn man es
nicht als Subjekt respektiert, existiert es als solches fast
gar nicht. Das, was es eigentlich will, ist ihm genommen, und das kann so weit gehen, daß es gar nicht mehr
weiß, was es eigentlich selbst will. Ein solches Kind gibt
unvermeidlich einen großen Teil seiner vitalen Dyna-
mik auf und verliert die Flexibilität, die es sich erwerben könnte, wenn es frei tastend seine eigenen Erfahrungen machen dürfte. Die schlimmen Folgen setzen
sich bis ins Erwachsenenalter fort.

*Inès kommt zur Behandlung infolge eines Symptoms
latenter Depression: Sie weint häufig und kapselt sich
immer mehr in sich selbst ab. Im übrigen ist sie zwanghaft darauf fixiert, daß sie bald eine wichtige Entscheidung über ihre berufliche Laufbahn treffen muß.*

Eigentlich würde sie gern eine Möglichkeit wählen, sich künstlerisch auszudrücken, aber ihre Familie drängt sie, ihre mathematischen Fähigkeiten auszunützen. Sie soll eine Reihe von Prüfungen machen, die ihr den Weg zum Studium der Wirtschaftswissenschaften öffnen, statt sich der Kunst zu verschreiben, die ja ein höchst „chaotisches" Gebiet sei. Sie ringt lange mit sich, und schließlich siegt das „vernünftige" Argument der Familie über das, was sie im Tiefsten selbst gern möchte. Inès meldet sich lustlos zu den Prüfungen an. Das hat zur Folge, daß sie von da an ihr Selbstvertrauen verliert, und zwar so stark, daß sie alle Anzeichen einer Versagensneurose äußert. Während der Prüfung tut sich Inès sehr schwer, und schließlich fällt sie in solche Panik, daß sie mitten in den Prüfungen abbrechen muß.

Mit Hilfe der Psychotherapie, in der sie seit ihrer letzten Klasse ist, kann sie sich der Zwiespältigkeit ihrer Situation bewußt werden. Ihr wird klar, daß ihre Mutter schon in jungen Jahren ihr Studium abbrechen mußte, weil sie geheiratet hatte. Inès kam schon sehr bald zur Welt, und ihr folgten drei weitere Kinder, so daß ihre Mutter zu keinem Zeitpunkt daran denken konnte, ihr Studium wieder aufzugreifen und Lehrerin zu werden. Eindeutig steckt hinter der Botschaft, die die Mutter mehr oder weniger bewußt an ihre Tochter weitergibt, der Wunsch, Inès ein gleiches Geschick zu ersparen.

Inès findet sich also im Zwiespalt zwischen der Pflicht, das „wiedergutzumachen", was ihre Mutter nicht geschafft hat, und ihrer Angst, Erfolg zu haben und die Mutter zu übertrumpfen, was ihr beträchtliche Schuldgefühle einflößt. Den Wunsch ihrer Mutter zu mißachten und in die künstlerische Richtung zu gehen, die sie am meisten anzieht, scheint ihr unmöglich zu sein, denn das würde die Hoffnungen allzusehr enttäuschen, die ihre Mutter in sie gesetzt hat. Nachdem sie sich dieser Zusammenhänge bewußt geworden ist, kommt Inès aus dieser Sackgasse heraus: Sie schafft die Prüfungen, was zwar einen Sieg über sich selbst darstellt, aber um den Preis eines beträchtlichen Opfers, nämlich, daß sie sich selbst verleugnet.

Einige Jahre danach kommt Inès wieder zu mir. Sie hat mit Erfolg ihr Wirtschaftsstudium abgeschlossen und fühlt sich wieder tief deprimiert und in einem Zustand äußerstes Ratlosigkeit. Mit ihrem Diplom in der Tasche kann sie sich nicht entschließen, einen Beruf im wirtschaftlichen Bereich zu ergreifen, weil ihr das plötzlich als völlig fremd gegenüber dem erscheint, was sie zutiefst eigentlich will. „Die einzige Beschäftigung, die mir derzeit Freude machen würde, wäre, Emailplatten herzustellen, zum Beispiel für mein Badezimmer. Da wäre ich ganz in meinem Element. Zu einer Laufbahn im Finanzwesen dagegen fühle ich mich absolut nicht inspiriert. Diese innere Abneigung blockiert mich in allen meinen Initiativen, eine Stelle zu finden."

Daraus mußte ich schließen: Zwar hatte ihr seinerzeit die Analyse geholfen, ihre Examensängste zu überwinden, aber das Ergebnis war trotzdem höchst unbefriedigend gewesen! Ihre ersten Ängste waren ursprünglich der Ausdruck ihrer unbewußten Weigerung gewesen, dem Wunsch ihrer Mutter zu entsprechen: nämlich auf dem Gebiet erfolgreich zu sein, auf dem der Mutter das nicht vergönnt gewesen war. Aber mit dem Überspringen der damaligen Barriere hatte sie nur das eigentliche Problem vor sich hergeschoben.

Jetzt, da sie das Ziel erreicht hatte, stellte sich die Frage ihrer beruflichen Zukunft mit neuer Schärfe. Der erfolgreiche Universitätsabschluß von Inès hatte nichts daran geändert, daß sie innerlich hin- und hergerissen war zwischen dem, was ihre Mutter für sie vorgesehen und dem, was sie sich eigentlich selbst gewünscht, aber versagt hatte. Wir hatten wiederholt die Möglichkeit für sie ins Auge gefaßt, ihren persönlichen Neigungen nachzukommen, aber immer wieder hatten ihre Schuldgefühle der Mutter gegenüber die Oberhand behalten. Inès hatte nicht die Kraft gefunden, sich gegen das, was ihr die Mutter auferlegt hatte, energisch zu wehren. Sie hätte genügend Zeit dafür gebraucht, um diese Schuldgefühle der Mutter gegenüber aufzuarbeiten und ihre Berufswahl auf später zu verschieben.

Diese Zeit des Reifens fehlt einer ganzen Anzahl Jugendlicher, die sich zu früh auf einen Weg einlassen müssen, von dem sie obendrein glauben, das sei tatsächlich der für sie richtige. Oft erweist sich diese Überzeugung dann als Fehler ... Ihnen wird die Traum-Dimension genommen, weil sie von ihrer Familie überstürzt zu einer Berufswahl gezwungen werden, und die Familie ihrerseits ist stark beeinflußt von der Gesellschaft.

Von der Freiheit, wählen zu können

Allzuoft vergißt man, daß eine reife Lebensentscheidung, die den Einzelnen als Ganzen angeht, ein bestimmtes Maß an Reife und Selbsterkenntnis voraussetzt, über das nicht alle Jugendlichen verfügen. Das ist vor allem dann der Fall, wenn ihnen der ausgeprägte Wunsch der Eltern gar nicht den Freiraum läßt, tastend ihre eigenen Vorlieben zu erkunden. Nur einigen wenigen, die den Vorzug genießen, sich leidenschaftlich auf ein bestimmtes Gebiet zu stürzen, ist es vergönnt, mit Ungeduld den Tag abzuwarten, an dem sie endlich das Gewünschte in die Tat umsetzen können. Und auch bei ihnen muß ihre Neigung dem Wunsch der Familie entsprechen.

Ein Fünfzehnjähriger kommt zu mir in die Beratung, weil er Probleme hat, sich auf die Schule einzulassen, und zudem auch ein untragbares Verhalten an den Tag legt. Für die Schule tut er nur das Allernotwendigste, was so weit geht, daß seine Eltern vermuten, er wolle bewußt durchfallen und vom Gymnasium fliegen. Dazu äußert er ein stark provozierendes Verhalten und macht seinen Lehrern das Leben zur Hölle.

Schnell stellt sich heraus, daß Albert eine ausgesprochene Vorliebe für Uhren hat. Während unseres Gesprächs lebt er auf und ist unerschöpflich darin, von dieser seiner Leidenschaft zu erzählen. Er interessiert sich in jeder nur erdenklichen Hinsicht für Uhren: für ihre Geschichte, ihre Herkunft, ihre Besonderheiten, ihre Herstellung, ihren Platz in der Geschichte des Kunstgewerbes ... Sein Wissen auf diesem Gebiet ist eindrucksvoll, und unablässig reichert er es weiter an; er besucht zum Beispiel Flohmärkte und kauft dort im Maß seiner bescheidenen Möglichkeiten alte Uhren, so daß er schon eine beneidenswert große Sammlung besitzt. Während er über dieses sein Spezialgebiet redet, sprüht Albert derart vor Leben, daß man sich seiner Begeisterung kaum entziehen kann, die in diesem Maß selbst bei Erwachsenen heutzutage selten ist. Die „Uhr" stellt für ihn eine ganz eigene Welt dar, mit der es kein einziges Schulfach auch nur im entferntesten aufnehmen kann.

Und trotzdem gilt Albert als Versager, denn Eltern wie Schule vermitteln ihm das Gefühl, zu nichts zu taugen. Das erweist sich als völlig absurd, denn Albert hat sich einfach außerhalb der üblichen Normen und der Schulwelt begeben, die das, was ihn ausfüllt und begeistert, nur beeinträchtigen. Würde dieser Jugendliche mit seinem speziellen Interesse anerkannt, so käme er sich nicht mehr als Außenseiter vor. Oft stellt sich heraus, daß etwas, was als Versagen bezeichnet wird, in Wirklichkeit nur Ergebnis eines vorschnellen Urteils über Kinder ist, die aus dem üblichen Rahmen fallen.

Während unserer Aussprachen beschränke ich mich darauf, Alberts Eigenart *anzuerkennen* und sie so aufzuwerten, daß auch seine Eltern sie wahrhaben und akzeptieren können. Das stärkt und ermutigt Albert derart, daß wir beschließen, er solle nebenher einen Spezialkurs auf diesem Gebiet besuchen, worauf er sich mit Freude einläßt. In der Folge bessert sich sein Verhalten in der Klasse spürbar. Er löst sich nach und nach von der Vorstellung, immer nur als Versager betrachtet zu werden, die ihn regelrecht aggressiv gemacht hatte.

Die Schule mit ihren zu starren Normen

Viele Kinder verspüren das Bedürfnis, in ihrer Eigenart geschätzt zu werden, die sie anders als die anderen sein läßt. Würde ihnen die Schule den Raum bieten, in dem sie ihre Eigenart zum Ausdruck bringen könnten, so würde sie das in der Wahl ihrer Vorlieben ermutigen, und zudem hätte das den Vorteil, daß sie damit die anderen ständig bereichern könnten. Die wesentliche Rolle der Eltern und der Erzieher besteht ja gerade darin, die besondere Eigenart, die in jedem Kind steckt, ans Licht kommen und sich verwirklichen zu lassen.

Das folgende, was ich von einem Lehrer erfahren habe, hat mich sehr nachdenklich gemacht: Er wurde unlängst an eine angesehene Schule versetzt, die unsere künftigen Diplominhaber ausbildet, und er sei ganz bestürzt über seine erste Notenkonferenz gewesen. Die für jeden Schüler vorgesehene Zeit habe nicht den Zeitraum einer Minute überschritten. Dabei sei im übrigen nur von Noten die Rede gewesen, nie von der Person oder eventuellen schwierigen Umständen, die bei manchen Schülern den momentanen Leistungsabfall vielleicht hätten erklären können. Bei der Beurteilung eines Falles um den anderen sei neben den Noten absolut nichts aus dem persönlichen Leben der Schüler mit in Betracht gezogen worden; man habe die Schüler rein als seelenlose Leistungsroboter gesehen. Das Fallbeil sei gnadenlos gefallen, und niemand habe es gewagt, ein Wort für diesen oder jenen einzulegen, denn ein solcher Einspruch wäre auf der Stelle als suspekt erschienen.

Es ist schlimm, wenn man bei der Beurteilung junger Menschen immer weniger die Lebensumstände jedes einzelnen und die mit der Adoleszenz verbundenen Umbrüche in Betracht zieht. Das zeigt, daß unser System in erschreckendem Maße der Entfremdung Vorschub leistet. Dann ist es kein Wunder, daß in diesem Klima, wo das Gefühl keinen Platz hat, immer mehr Menschen darauf verzichten, irgendeine Emotion oder sonst etwas Persönliches zu äußern. Man kann gar nicht deutlich genug darauf hinweisen, daß ein solcher Verzicht die jungen Menschen für immer prägen wird. Ihnen bleibt keine andere Möglichkeit mehr, als ihren Groll während ihrer ganzen Ausbildungszeit zu verdrängen. Wenn sie dann irgendwann eine gewisse Machtposition erreichen, sind sie versucht, ihren Groll dadurch abzureagieren, daß sie ihre Untergebenen oder Arbeitskollegen schikanieren.

Viele Jugendliche scheuen den Augenblick, in dem sie sich dafür entscheiden sollen, welchen Weg sie einschlagen wollen. Sie versuchen verzweifelt, ihm auszuweichen, weil sie sich unter dem Zwang spüren, auf einen wesentlichen Teil ihrer selbst zu verzichten. Wenn sie sich auf diese Weise in der Verweigerung, ihren Hoffnungen und Zukunftspläne Lebewohl zu sagen, verhärten, kommen sie oft zu uns Therapeuten, um herauszufinden, weshalb sie so von Ängsten geplagt werden.

Gelegentlich sind es genau die gleichen Eltern, die sich schon vom Kindergarten an darüber aufregen, daß ihre Sprößlinge nicht wenigstens zwanzig Minuten täglich „zum ernsthaften Lernen" angehalten werden, und dann die restliche Zeit zum Spielen haben. Womöglich ist es aber auch die Kindergartenleiterin, die die Eltern einbestellt, um ihnen mitzuteilen: „Ihre Tochter ist viel zu verspielt. Dagegen muß etwas unternommen werden!", wie mir das erst unlängst jemand erzählt hat. Oder noch krasser: Da bestellt eine Kindergärtnerin die Eltern eines viereinhalbjährigen Jungen ein und teilt ihnen unverblümt mit, ihr Kind habe „eine gespaltene Persönlichkeit".

Manche Lehrer sollten es lieber vermeiden, mit psychologischen Ausdrücken um sich zu werfen, deren Sinn sie nicht genau verstehen. Unter „gespaltener Persönlichkeit" versteht man in der Psychologie normalerweise einen Bruch in der Persönlichkeit, eine Zerrüttung der Psyche, wie sie für die Schizophrenie typisch ist.

Das einzige, was bei dem betreffenden Jungen als „Beweis" für eine derart alarmierende Diagnose herangezogen wird, ist der Umstand, daß seine Kritzeleien noch „wenig Struktur" zeigen. Und wenn er darin versagt, läuft er Gefahr, nicht für die Vorschul-Stufe des Kindergartens qualifiziert zu werden und sein zweites Jahr wiederholen zu müssen! Da aber der kleine Junge schon voll mitbekommen hat, daß bereits jetzt der Erfolg seiner Schülerlaufbahn in Frage steht, sagt er unaufhörlich mit gebrochener Stimme zu sich selbst: „Ich tauge sowieso nichts, ich kriege nichts hin ..." In Wirklichkeit ist das ein lebhaftes, umgängliches Kind, das über einen für sein Alter überraschend reichen Wortschatz und einen mitreißenden Humor verfügt; er ist körperlich sehr gewandt und legt beim Spielen recht viel Phantasie und Kreativität an den Tag, was allerdings, zugegeben, gelegentlich etwas ins Chaotische geht.

Ist es nicht unverantwortlich, daß man ein Kind in diesem Alter schon eine solche Abwertung spüren läßt? Wie können das die Eltern ertragen, daß die Persönlichkeit ihres Kindes derart disqualifiziert wird, bloß weil es nicht ausnahmslos allen Kriterien entspricht, die für diese seine Altersstufe aufgestellt worden sind? Ist es denkbar, ja überhaupt wünschenswert, daß alle Kinder genau gleich funktionieren, bloß um genau den Normen unseres Erziehungssystems zu entsprechen? In Wirklichkeit wissen wir, daß ein Kind nicht auf allen Gebieten gleichzeitig hervorragend sein kann, sondern zu bestimmten Zeiten das eine oder andere Gebiet besonders betont, zum Nachteil eines anderen, das es dann später entwickelt, wenn es sich in der Lage fühlt, sich darauf genauer einzulassen. Aber das bleibt alles unberücksichtigt; was einzig zählt ist, wie weit das Kind den vorgegebenen Normen entspricht, und auf Grund dessen will man schon etwas über die Zukunft eines Kindes sagen, das noch nicht einmal in der Vorschule ist. Wie lange dauert es noch, bis man auch noch einen Test sofort nach der Geburt einführt, um unverzüglich das Verhaltensprofil und die künftigen Fähigkeiten des Neugeborenen zu definieren?

Allmählich wird deutlich, daß die Erziehung in Wirklichkeit etwas anderes leisten sollte: Sie sollte jedes Kind darin fördern, seine eigenen Wünsche zu artikulieren und seine persönlichen Fähigkeiten zu entfalten, statt diese zugunsten stereotyper Erziehungsnormen zu unterdrücken. Leider versteht sich die Schule oft einseitig nur als für „vernünftige" Inhalte zuständig, die sie natürlich, nach dem Vorbild der exakten Wissenschaften, leichter bewerten kann.

„Wenn die Schule für alle Kinder da sein soll, dann ist sie dafür von ihrem Konzept und ihrer Funktion her bei weitem zu starr. Der Schwerpunkt wird auf das Geschriebene, das Abstrahieren und das begriffliche Denken gelegt, und man vergißt den Wert des Konkreten, des Tuns und der praktischen Fertigkeiten, die sich als Medien und Riten hervorragend zur Vermittlung von Lerninhalten eignen."[3] Ein junger Zeichenlehrer an einer höheren Schule fragte einen Schüler, der sich bei ihm vom Unterricht entschuldigen wollte, weil er noch

---

[3] J.-F. Videt, „Qu'est-ce qu'un pédagogue suffisamment bon?" in *Le Journal des Psychologues*, Dez.1994/Jan.1995

eine wichtige Mathematikaufgabe fertigmachen müsse: „Was wird man dich eigentlich in deinem späteren Leben öfter fragen: Ob du Integralaufgaben lösen oder ob du mit Formen, Geschmack und Farben umgehen kannst? Ist es nicht viel wichtiger, daß du einen guten Geschmack entwickelst, um dir deine Kleider auszusuchen, deinen persönlichen Stil zu finden und deine Wohnung gut einzurichten?"

Den Kindern helfen, sich selbst zu entdecken

Unser Erziehungssystem beruht im wesentlichen auf dem Prinzip der Dressur. Das hat die schlimme Folge, daß die Phase der Reifung, die jedes Kind unbedingt braucht, um seinen eigenen Rhythmus zu entwickeln, extrem abgekürzt wird. Eigentlich sollte die Schule darauf bedacht sein, der Eigenart jedes einzelnen Kindes Raum zu geben; aber das System zwingt die Schule, ihre wichtigste Aufgabe zu unterlassen: den Kindern zu helfen, sich selbst zu entdecken.

Leider finden es deshalb viele Eltern unnötig, ihr Kind zu Erfolgen bei künstlerischen oder sportlichen Aktivitäten zu beglückwünschen. Dagegen tun sie das gern auf Gebieten, die „wichtig" sind. Warum wertet man ein Kind, das schöpferisch begabt ist, den anderen gegenüber ab? „Leider hat er nur in Zeichnen oder Musik oder Sport gute Noten", sagen die Eltern mit Bedauern. Der Schluß daraus liegt nahe: Ausgeprägte Sensibilität und Phantasie sind Nebensache, ja sind nutzlos.

Immer mehr Erwachsene suchen für die Frustrationen, die ihnen ihr berufliches oder persönliches Leben beschert, einen Ausgleich in vielfältigen kreativen Aktivitäten; aber paradoxerweise ermutigen sie in ihrer Rolle als Eltern ihre Kinder ganz und gar nicht, sich auf diese Gebiete im Rahmen ihrer Schule einzulassen. Es sind wenige Eltern, die dem Zeichnen, der Musik oder dem Sport den Vorrang vor den Sprachen, der Mathematik oder den Naturwissenschaften geben. Und doch würde man den Kindern gerade damit eine für ihr weiteres Leben unschätzbare Quelle erschließen. Unglücklicherweise bleiben Phantasie und Körper immer noch die vernachlässigten Gebiete der Erziehung.

Allerdings ist positiv zu vermerken, daß es eine starke Tendenz gibt, den Geisteswissenschaften wieder mehr Gewicht auf dem Arbeits- und Wissenschafts-„Markt" zu geben. Sollte dadurch die Ausbildung der Studenten vielseitiger werden, so wäre das für alle Beteiligten ein großer Gewinn. Bleibt nur zu hoffen, daß auch die Schule den Wert dieser allzu lange vernachlässigten Äußerungen der Intelligenz wieder erkennt und sie aufgreift.

Das persönliche Erkunden

Der Schule geht es nicht primär darum, dem Kind die Kultur und Erkenntnis seiner selbst und der anderen zu erschließen, sondern sie will ihm zum Beweis dafür, daß es die Schule mit Erfolg besucht hat, ein Zeugnis verschaffen. Mit einem solchen Zeugnis ist derzeit auf einem Arbeitsmarkt, der von der Rezession geplagt wird, immer weniger anzufangen. So sehen sich heute viele Jugendliche aus Angst, später keine Arbeit zu finden, gezwungen, sich auf Ausbildungswege einzulassen, die nicht wirklich ihrer inneren Neigung entsprechen. Aber selbst diese Ausbildungswege, die sie als Kompromiß gewählt haben, bieten ihnen nicht mehr wie früher die Sicherheit, wirklich eine Beschäftigung zu finden. So braucht man sich nicht zu wundern, daß sich manche Jugendliche gleich zweimal verraten fühlen: Ein nicht mehr funktionierendes System zwingt ihnen seinen Willen auf und macht ihnen dafür Hoffnungen, und dann kann es diese Hoffnungen überhaupt nicht erfüllen.

Wer gleich mehrere Diplome erworben hat, zeigt damit gewöhnlich, daß er sich im Übermaß ans System angepaßt hat. Er unterwirft sich ihm derart, daß er unermüdlich seine Ausbildung perfektioniert, und das immer nur mit dem einen Ziel: so viel Wissen wie möglich anzuhäufen, um zu beweisen, daß er zur Elite gehört. Aber wie hinfällig die Position solcher Menschen ist, erweist sich oft sehr schnell, wenn sie diesen vorderen Platz verlieren und keine Alternative dafür haben. Wenn sie eine solche jähe Abwertung erfahren, bleibt ihnen fast nur noch die Depression übrig. Sie haben ohne Zweifel zu früh auf die Freude am Spielen und auf die Fähigkeit zum Phantasieren verzichtet. Damit haben sie sich unschätzbare Quellen verschüttet, die sie befähigt hätten, mit ihrer Enttäuschung und Angst richtig umzugehen, falls sie erfolglos bleiben. *Die Phantasie ist nämlich eine vitale Kraft. Dank seines Phantasievermögens kann man sich einer nie dagewesenen Situation sinnvoll anpassen, auf Neues kommen, kreativ sein, erfinderisch werden. Hat man die Fähigkeit zum Phantasieren, so verfügt man sein Leben lang über schöpferische Kreativität.* Wer seine Phantasiekraft dagegen zu sehr vernachlässigt hat, der ist, wenn er vor einer großen Schwierigkeit steht, plötzlich völlig rat- und fassungslos.

Unser Erziehungssystem, das auf möglichst viele passen soll, ist in Wirklichkeit höchstens für 30 Prozent der Schüler effizient[4]. Manche begabten und besonders ausgeglichenen Kinder mögen sich relativ leicht an dieses System anpassen, aber andere zahlen schließlich für ihre Unterwerfung einen sehr teuren Preis, der gelegentlich sogar lebensgefährlich werden kann. In wie vielen Fällen ist schon ein scheinbar beneidenswerter Erfolg mit einem Selbstmordversuch bezahlt worden, weil der betreffende junge Mensch sich hoffnungslos davon überfordert sah, die Sicherheit der Universität zu verlassen und sich mit den unvorhergesehenen Problemen der Realität auseinanderzusetzen? Wenn man seine schulische Intelligenz bewiesen hat, heißt das noch lange nicht, daß man auch für das Leben gewappnet ist und über genügend Energie verfügt, um dessen Widerständen die Stirn bieten zu können.

Wenn man einem Jugendlichen zu früh zumutet, sich für einen bestimmten Weg zu entscheiden, bedeutet das, daß er verfrüht auf eine Vielzahl offener Möglichkeiten verzichten muß. Er opfert sie alle dem Erfolg, einem Erfolg, der nicht unbedingt das gleiche ist wie Erfüllung. Nachdem er seiner ganze Energie darauf verlegt hat, sein Diplom zu erwerben, auf das seine Familie und die Gesellschaft so großen Wert legen, stellt er sich nicht mehr in Frage und begrenzt seine Interessen auf das, was ihn seinem Ziel näherbringt. Ein ganzes Menschenleben reicht kaum aus, um sich selbst richtig kennenzulernen; und da verlangt man von den Jugendlichen, daß sie schon sehr früh die maßgeblichen Entscheidungen über ihre Zukunft treffen! Man läßt ih-

---

[4] Vgl. J.-F. Videt, a. a. O.

nen gar keine Zeit, um die Vielzahl von Möglichkeiten, die in ihnen stecken, erst einmal richtig zu erkunden, sondern sie sollen bereits auf sie verzichten, wenn sie sie noch gar nicht richtig kennengelernt haben. Unser Erziehungssystem zwingt sie, einen bestimmten Weg einzuschlagen, noch ehe sie in den Stand gesetzt worden sind, ihre persönlichen Überzeugungen zu entwickeln. So müssen sie sich Wünschen fügen, mit denen sie gegen ihren eigenen Willen von ihren Eltern überfahren werden, und sie werden das Opfer von Erwartungen, die sie dann oft sogar für ihre eigenen halten.

Solange die Erziehung darauf fixiert bleibt, akademisches Wissen zu vermitteln, vernachlässigt sie die Selbsterkundung des jungen Menschen, ja betrachtet sie als fragwürdig. Tatsächlich würde sie ja die Gefahr mit sich bringen, daß sich im Bewußtsein des Kindes Zweifel und Widerstand rühren, und dadurch könnte die unangefochtene Autorität zunächst des Erwachsenen und dann auch der Gesellschaft beeinträchtigt werden. Ein Kind, das an die ihm auferlegten Normen „angepaßt" ist, wird es dagegen nicht wagen, Gefühle des Zweifels oder der Aggression zu äußern, die womöglich zum Bruch mit dem, was ihm aufgezwungen wird, führen könnten.

Die Eltern, die schon lange auf ihre Phantasien und Utopien verzichtet haben, um sich den Herausforderungen der Realität zu stellen, befürchten, wenn ihr Kind sich zu sehr dem Träumen hingäbe, könnte es sich zu weit von der Wirklichkeit entfernen – weiter, als sie selbst sich hatten hinauswagen dürfen. Von da her finden sie dann schon die geringste Neigung zum Faulenzen und folglich zum Träumen tadelnswert. Aber vielleicht ist gerade das *Faulenzen* die einzige Ausflucht-möglichkeit des Kindes, um sich gegen das dauernde Gefordertwerden seitens der Erwachsenen zu schützen. Das Faulenzen eröffnet einen Privatbereich, zu dem niemand Zugang hat, einen Freiraum, in den sich das Kind zurückziehen kann, wenn ihm die Realität zu schwer zum Ertragen wird. Es wird zum „Ausgangspunkt der Reise nach Anderswohin" …

Wenn ein Kind verträumt wirkt, wird das oft als Fehlverhalten bewertet; in Wirklichkeit handelt es sich um etwas ganz anderes. Eine junge Grundschullehrerin hatte das richtig erfaßt, als sie mit einem Kind zu tun hatte, das oft wie geistesabwesend war. Sie hatte mit großer Klarheit und feinem Gespür gemerkt, daß dieses Kind sich besonders gut auf seine Innenwelt ausrichten konnte. So konnte sie der Mutter, die sich eines Tages besorgt über den mangelnden Fortschritt ihres Jungen äußerte, zur Antwort geben: „Ihm entgeht nichts. Er kann Dinge sehen, die die anderen gar nicht sehen. Wenn ein Blatt elegant vom Baum im Hof segelt, sieht er das, und schon verfolgt er es in Gedanken mit und phantasiert sich eine ganz eigene Geschichte dazu. Wenn er solche Glücksmomente hat, bringe ich es nicht fertig, ihn zu stören. Er besitzt da einen großen inneren Reichtum, der ihm eine große Hilfe in seinem Leben sein wird, und ich wünsche nur, daß er sich das bewahren kann!"

Diese junge Frau, die erst seit kurzem unterrichtete, wollte sich ganz besonders behutsam auf die Kinder einlassen, und sie idealisierte ihren Beruf noch sehr. Wie lange würde sie das so sehen können, bevor sie schließlich auch vom System überrollt würde? Wenn ein Lehrer für diesen kleinen Jungen wichtig werden konnte, dann war es gewiß diese Lehrerin mit ihrem einfühlsamen Gespür, das sie für ihn aufbringen konnte.

Das Kind mit dem Terminkalender eines Generaldirektors

Manche Kinder entwickeln schon in frühen Jahren ein „falsches Ich", das ganz vom Wunsch der Eltern geprägt ist. Sie tun das zum Schaden ihres authentischen Ich, um sich die Zuneigung ihrer Eltern zu sichern. Wir haben bereits gesehen, daß die Eltern allzuoft diese Tendenz bestärken, genau wie es das Erziehungssystem tut. Das ist allerdings eine verhängnisvolle Tendenz, denn sie hat zur Folge, daß die Wünsche und Träume der Kinder abstumpfen. Die Kinder verfolgen dann selbst unbewußt das Ziel, sich an die Interessen der Gesellschaft anzupassen und den Erwachsenen das gute Gefühl zu geben, sie seien für die Zukunft gerüstet. So werden sie Opfer einer *nützlichen* Erziehung für eine *leistungsfähige* Gesellschaft. In diesem Sinn sagt der Geschäftsmann zu Saint-Exupérys kleinem Prinzen: „Ich habe nicht Zeit, herumzubummeln. Ich bin ein ernsthafter Mann."

So kommt es, daß man Kinder trifft, deren Terminkalender so voll ist wie der eines Generaldirektors. Diesen Kalender haben die Erwachsenen für sie angelegt, und sein Diktat läßt den Kindern kaum mehr Freiräume, in denen sie spielen oder sich Träumereien hingeben könnten. Da begegnete ich zum Beispiel einem neunjährigen Kind, das es satt hatte, immer von der Klavierstunde zum Tenniskurs hetzen zu müssen. Kaum waren wir unter vier Augen allein, flehte es mich regelrecht an: „Sagen Sie doch bitte meinen Eltern, daß ich gern Zeit hätte, um einfach nichts zu tun. Ich will nicht immer bloß etwas machen müssen. Am liebsten möchte ich in den Ferien einfach daheim bleiben." Dieses Kind hatte keinen Augenblick mehr, der nicht von irgendeiner „sinnvollen" Tätigkeit ausgefüllt war. Nachdem es vergeblich versucht hatte, seinen Eltern seinen Wunsch klarzumachen, hatte es schließlich ganz darauf verzichtet, noch um Zeiten der Zerstreuung zu bitten.

Häufig fühlt sich das Kind *gezwungen*, sich zu fügen, denn es hat Angst, die Liebe seiner Eltern zu verlieren, wenn es seine Wut zeigt oder sich verweigert. Denn hinter den Worten seiner Eltern hört das Kind insgeheim die Worte: „Wenn du nicht genau das machst, was ich von dir will, liebe ich dich nicht mehr." Widerspenstige Kinder setzen sich der Gefahr aus, das Gefühl zu bekommen, nicht mehr gemocht und im Stich gelassen zu werden.

Die Eltern des kleinen Generaldirektors kamen zu mir in die Sprechstunde, weil ihnen eine Verhaltensweise ihres Sohnes Sorgen machte: Er hatte schlicht und einfach „zu nichts Lust". Die wenige Energie, die ihm noch verblieb, verwandte er voll darauf, sich hartnäckig zu weigern, zu seinen Unterrichtsstunden zu gehen. Dieses überlastete Kind, dessen freier Spielraum ziemlich eingeschränkt war, konnte einfach nicht mehr. Das ging so weit, daß er bei seinen Unterrichtsstunden abschaltete. Sie waren zwar durchaus vielseitig, aber er empfand ihre Überfülle einfach als zu erdrückend. Er war mit Bildung überfrachtet und hätte sich eigentlich sehr gescheit verhalten müssen, aber trotzdem reagierte er wie ein frustriertes Kind. Und er war mit Recht frustriert, denn sein Bedürfnis, einfach Zeit für sich selbst zu haben, war ja legitim. Er hatte Anspruch darauf, in Muße das tun zu dürfen, wozu er gerade Lust hatte, selbst wenn er dann einfach Lust hatte, „nichts zu tun". Er wollte es einfach genießen, „Zeit zu vergeuden". Das ist etwas, was heute abschätzig beurteilt wird, in Wirklichkeit aber für das Hineinwachsen in ein reifes Menschsein sehr wichtig ist. In der „nutzlosen" Zeit findet das Kind nämlich die Gelegenheit, sich seine ganz eigene Welt einzurichten. Wie sollte es aber überhaupt auf die Idee kommen, in dem Koffer mit Faschingskostümen zu wühlen – sofern es einen solchen im Haus noch gibt –, wenn sein Mittwochnachmittag völlig ausgebucht ist?

Das Symptom dieses Kindes, das wie eine versteckte depressive Reaktion wirkte, war in Wirklichkeit nur ein Ausdruck seiner Hilflosigkeit. Wie alle Symptome, war auch dieses durchaus nützlich: Es erlaubte dem Kind, in dem Augenblick eine Alarmglocke zu läuten, wo die Toleranzschwelle überschritten war und nur noch die Generalverweigerung gegenüber allen Zwängen übrig blieb, die ihm von der Wirklichkeit auferlegt wurden.

Ein defektes Leben

Dieses einfache Beispiel illustriert anschaulich, in welchem Maß eine übertriebene Häufung von Aktivitäten, die darauf abzielt, aus dem Kind zunächst ein „Vorzeigestück" in der Schule und dann später auf dem Arbeitsmarkt zu machen, sein psychisches und affektives Gleichgewicht gefährdet, sofern sie verlangt, daß das Kind auf seinen legitimen Wunsch nach Zerstreuung und Entspannung verzichtet. Man kann nur staunen, wie Erwachsene, die selbst erschöpft und zuweilen – allerdings viel zu selten – auch sehr kritisch gegenüber ihrem eigenen Lebensstil sind, trotzdem immer wieder genau diesen Lebensstil ihren eigenen Kindern aufdrängen. Sie trainieren ihnen so früh wie möglich an, sich genaue Arbeits- und Erholungszeiten einzuteilen, wobei letztere nur die Funktion haben, sich wieder frisch für die Arbeit zu ertüchtigen. „Der Begriff der verfügbaren Zeit ist genauso wichtig geworden und wird mit derselben Bedeutung befrachtet wie der Begriff der Arbeitszeit." Die „Freizeit" als Gegensatz zur „verplanten Zeit" erfreut sich höchster Beliebtheit, aber beide sind dem gleichen Kriterium ausgesetzt: ob sie „produktiv" sind. „Die Freizeit wird sozial deshalb anerkannt, weil man für sie schließlich einen hohen Preis bezahlt hat. Aber sie wird ihrerseits zu einem Wert, den man nicht vergeuden darf; sie wird zur Verlängerung dessen, was man in die Arbeit investiert hat" (Jean Baudrillard). So ist die „leere Zeit" zum Verschwinden verurteilt; sie wird ebenfalls zweckmäßig genützt, und zwar dazu, die Arbeitszeit zu optimieren, die auf sie folgt …

Gebundene Zeit wie Freizeit werden also danach bemessen, wie rentabel sie sind, und in beiden Zeiten bleibt der Mensch sich selbst entfremdet. Künftig gibt es zwischen den beiden keine Lücke mehr, in der man sich das Vergnügen einer zwecklos vergeudeten Zeit leisten könnte …

Der Erfolg der vielen heutigen Sportzentren zeigt recht anschaulich, wie sich die Abwechslung zwischen verplanter Zeit und Freizeit abspielt. Diese Zentren kommen zweifellos dem Bedürfnis entgegen, seinen Körper fit zu halten, denn dieser Körper muß die Auswirkungen einer Lebensart verkraften, in der alles getan wird, um uns *unnötige* Anstrengungen zu ersparen. Alle nur erdenklichen Maschinen nehmen uns heute die mühsamen Arbeiten ab. Die Folge ist, daß unser Körper nicht mehr genügend gefordert wird und er seine Muskeln rapid abbaut. Das war bei den Generationen vor uns noch anders: Da wirkten angemessene Ernährung und ständige körperliche Beanspruchung jedes Menschen zusammen, um den Körper im Gleichgewicht zu halten.

Da uns die Maschinen fast alles abnehmen, wird heutzutage unser Körper stark unterfordert, und dieser Mangel an physischer Bewegung ist für viele Übel verantwortlich. Praktisch sind wir heute alle mehr oder weniger „Behinderte" geworden, die mit einer Art „Behindertensport" physisch wieder ertüchtigt werden müssen. Man braucht heute nur in die Trainingshalle irgendeines Fitness-Centers zu schauen, wo eine Vielzahl mehr oder weniger raffinierter Maschinen dazu da sind, irgendeinen besonderen Muskel zu trainieren, damit er wieder Tonus und Stärke gewinnt, mit anderen Worten: um ihn wieder zum Leben zu erwecken, weil eine bestimmte Bewegung, die früher ganz natürlich war, ausgefallen ist. So müssen wir also die Zeit, die wir dank des technischen Fortschritts gewonnen haben, dazu benützen, künstlich und mit teurem Geld unsere Körper zu *reparieren*, weil sie aus Mangel an Bewegung zu dick und schwach geworden sind ...

Entsprechendes gilt auch für unseren Geist. Dort, wo uns hochkomplizierte und leistungsstarke Maschinen die mühsamen und langweiligen Arbeiten abnehmen, beschwert sich jetzt der Arbeiter über die Maschine als solche, weil zwar die lange und monotone Arbeit weggefallen, an ihre Stelle aber ein immer größerer Lei-

78

stungsdruck getreten ist. Jetzt müssen die Menschen, die sich ganz auf Maschinen und Computer verlegt haben, ständig höchste Konzentration aufbringen. Das mag zwar etwas anderes als die frühere körperliche Anstrengung sein, aber ein Segen ist das noch lange nicht. Und es ist nicht eingetreten, was wir uns davon erhofft hatten: Die Kreativität hat dadurch nicht gewonnen, und sie ist auch nicht besser geworden. Bei einer Arbeit, die sich ständig wiederholt, stellt sich unvermeidlich wieder ein ähnlicher Zwang wie früher ein, auch wenn er jetzt etwas anders und komplizierter ist. Die Menschen, die seine Folgen zu tragen haben, beschweren sich über verschiedene somatische Beschwerden oder sogar Depressionen.

In diesen Zusammenhang paßt gut die folgende Geschichte. Ich habe sie vom Vater eines jungen Patienten, der Professor für Bildende Kunst war. Dieser berichtete, in manchen japanischen Firmen habe man sich große Sorgen darüber gemacht, daß sich unter den Betriebsangehörigen immer mehr Depressionen ausgebreitet hätten. Schließlich hätten Vertreter der Firmen darum gebeten, französische Kunsterzieher – darunter er selbst – sollten ihnen helfen, in ihren Firmen Ateliers für Malerei und Bildhauerei einzurichten. In diesen Ateliers sollten sich die Betriebsangehörigen betätigen können und so die Spannungen und Ängste abreagieren, die die Arbeit in ihnen immer wieder erzeugte. Das sollten also Orte sein, an denen sie die die Möglichkeit finden sollten, ihre Kreativität auszuleben, und so sollte den destruktiven Folgen, die die technische Überspezialisierung ihrer Arbeitsplätze hatte, abgeholfen werden. Natürlich ging es den Unternehmen nicht in erster Linie um das psychische Gleichgewicht ihrer Angestellten, sondern sie erhofften sich davon eine Steigerung ihrer Produktionskraft. So sieht man die Fragwürdigkeit dessen, was zunächst wie ein Zugewinn an Freiheit aussehen mag: Die größere Freiheit ist nicht ohne Gegenleistung zu haben, und der Preis besteht darin, daß der Angestellte zusätzliche Zeit aufwenden muß, um den Schaden, den die Mechanisierung angerichtet hat, wieder zu reparieren. Das geht schließlich so weit, daß alles, womit man bislang sein Alltagsleben mit Sinn erfüllt hat – im gerade beschriebenen Fall die Kunst –, von den Unternehmen aufgegriffen und zu deren Optimierung verzweckt wird.

Zeit zum Nichtstun

Die Vorstellung, wir könnten die Maschinen wieder aus unserem Leben verbannen, ist natürlich absurd. So müssen wir kritisch alles daran setzen, ein System im Griff zu behalten, das auf alle Bereiche unseres Alltagslebens übergreift, sowohl der Erwachsenen wie auch der Kinder. Aber was hat das nun mit der Kreativität unserer Kinder zu tun?

Es hat damit insofern zu tun, als diese Verhaltensweisen überall einziehen, sogar in die Welt der Kinder. Jean Baudrillard hat geschrieben: „Es gibt immer weniger Schutzzonen des Nutzlosen; sogar diese Zonen sind in Gefahr, hemmungslos ausgebeutet zu werden."[5] Früher haben das Leben und die Schule vereint als eine Art „Schule des Lebens" funktioniert. Was damals das Leben und die Schule an Kreativität geboten haben, fällt heute

---

[5] Jean Baudrillard, *Le Crime parfait*, 76

weithin aus. Die heutigen Kinder werden als passive Empfänger mit abstraktem Wissen vollgestopft, und man meint, ihnen das möglichst früh eintrichtern zu müssen. Für den Ausfall an kreativen Anregungen müssen die Kinder folglich heute anderswo einen Ausgleich suchen.

Früher konnte ein Kind in der unmittelbaren Umgebung seiner Wohnung das Staunen lernen: in der Natur, in der Familie und der Nachbarschaft. Die heutigen Kinder sind von dieser Umwelt abgeschnitten. Sie werden gezwungen, sie mit Hilfe künstlicher Medien zu entdecken. Dafür sei nur ein Beispiel zitiert: In der „Cité des sciences" von La Villette lernt das Kind Vögel kennen, indem es deren Fotos betrachtet, auf einen Knopf drückt und dann ihr Gezwitscher vom Band hört. Das sind „tote Vögel", von denen nur ein Abklatsch übrigbleibt, und ihr auf Band gespeicherter Gesang wird getrennt von ihnen gelagert. Ganz zu schweigen von den aus Beton gegossenen Schafen, die weder dazu einladen, sie zu streicheln noch an ihnen Freude zu haben. Ist dies das Erbe, das wir unseren Kindern hinterlassen wollen?

Von jetzt an werden wir uns vor allem darum bemühen müssen, unsere Kinder zu „reanimieren", indem wir ihnen Kontaktmöglichkeiten mit ihrer sie umgebenden Umwelt verschaffen. Man kann nur in jeder Hinsicht Winter- und Sommer- und sonstige Zeltlager in freier Natur oder Kulturausflüge fördern, die die Kinder in direkten Kontakt mit ihrer natürlichen Umwelt bringen. Solche Unternehmungen regen das Kind an, Verknüpfungen zwischen ihrer sinnlichen Erfahrung und den abstrakten Kenntnissen herzustellen, die ihnen ihre Lehrer vermittelt haben. Könnte man jedoch darüber hinaus nicht auch ins Auge fassen, daß der Unterricht stärker mit dem realen Leben verwoben wird, indem zum Beispiel die Lehrer ihre eigenen *beiden* Lebenswelten mit einbringen? Der Professor für Naturwissenschaften an der Universität ist doch gleichzeitig auch Forscher, und der Kunsterzieher ist gleichzeitig auch selbst Maler, Bildhauer, Grafiker oder Designer; warum sollten sie nicht auch diese Seite ihres eigenen Lebens den Studenten und Schülern vermitteln?

Zwar geschieht das gelegentlich, aber die Schule könnte sich noch viel weiter öffnen und zu einer Stätte werden, wo man wirklich die Kunst des Lebens lernt. Darin könnten zum Beispiel auch manche Eltern, die das Bindeglied zur äußeren Wirklichkeit sind, ihre Liebhabereien und ihre Kenntnisse einbringen. Außerdem sollte man vermeiden, daß auch die Freizeit der Kinder für alle möglichen der oben geschilderten Aktivitäten verplant wird, so daß sie ihren gesamten Alltag mit Terminen und Zwängen verleben müssen. Wenn gelegentlich die Kinder schon einen volleren Terminkalender als ihre Eltern haben, wird unvermeidlich ihre ganze Kreativität von Pflichtübungen absorbiert. So müssen sie schon vorwegnehmen, was sie später ohnehin erwartet, wo sie doch gerade dem unbedingt entkommen möchten: nämlich dem Zwang, ihre Zeit immer *rentabel* zu verwenden, so rentabel, wie bereits die Arbeits- und die Freizeit des Erwachsenen ist, worüber diese sich ja ständig beklagen. Es gibt ein Gesetz, demzufolge wir unbewußt dazu neigen, immer wieder die gleichen Situationen herzustellen, unter denen wir selbst schon zu leiden hatten. Hier scheint es tatsächlich exakt zuzutreffen: Die Erwachsenen sehen für ihre Sprößlinge gleich wieder dasselbe vor, was sie selbst schon geplagt hat.

So überrascht es nicht, daß manche Kinder diesen Sachverhalt durchschauen. Sie spüren die Inkonsequenz der Erwachsenen und wehren sich mit Händen und Füßen dagegen, in die gleiche wenig verheißungsvolle Zukunft gedrängt zu werden. Jugendliche, die in der Schule Schwierigkeiten haben, kommen darauf immer wieder zu sprechen. Sie erklären, es sei ihnen unverständlich, warum ihre Eltern sie in eine Lebensweise hineinpressen wollen, in der sie gar nicht sie selbst sein können, und von der sie ja selbst sagten, sie sei mühsam und nicht besonders sinnvoll.

Diese Weigerung, sich einem recht fragwürdigen Lebensrhythmus zu unterwerfen, ist nur allzu verständlich. Dieser Rhythmus schließt von vornherein alle „Zeit zum Nichtstun" aus, also die Augenblicke ohne Uhr, die notwendig sind, damit man sich auf das grenzenlose Gebiet des Nachdenkens und Träumens begibt, um so immer wieder einmal dem Diktat der unerbittlich tickenden Uhren entgehen zu können.

Dem Kind ist das Bedürfnis angeboren, immer wieder einmal allein und der Kontrolle der Erwachsenen entzogen zu sein, und es ist wichtig, daß man dieses Bedürfnis respektiert. Wo man das verkennt, fühlt sich das Kind in seinem Dasein beengt; es kann dann nichts von sich selbst einbringen und weder kritischen Geist noch Erfindungsgeist entwickeln. Doch auch hier kommt es auf das Fingerspitzengefühl an. Wenn man dem Kind solche freien Zeiten überläßt, sollte es dabei nicht den Eindruck bekommen, die Erwachsenen hätten kein Interesse mehr an ihm. Ihm kommen nämlich immer wieder Momente, in denen es das Bedürfnis zum Reden und Sich-Austauschen hat; folglich ist es notwendig, daß man immer wieder verfügbar ist und ihm zuhört. Die wichtigste Rolle der Eltern besteht also darin, mit aufmerksamer Zuwendung die Neugier des Kindes zu wecken oder wieder in Gang zu bringen. Wenn man nicht auf die Bedürfnisse und Widerstände seines Kindes achtet, trägt man dazu bei, daß ihm seine Kindheit genommen wird.

Heutzutage werden die Kinder von der Last der Realitäten, die auf sie einstürmen, erdrückt. Sie werden überstimuliert. Wenn wir Erwachsene sie derart mit Informationen und Reizen überfordern, soll das vielleicht zum Teil dazu dienen, unsere Frustrationen als Erwachsene abzureagieren. Diese Frustrationen haben sich aus einem Lebensstil ergeben, den in Frage zu stellen wir nicht mehr den Mut und die Kraft haben; zudem ist es bequemer, sich an die Nachteile anzupassen, die er mit sich bringt, als ihn frontal zu bekämpfen. Doch als betroffene Erwachsene dürfen wir nicht einfach dabei mitmachen, daß unsere Gesellschaft und ihr Erziehungssystem massiv selbstsüchtige Interessen verfolgen, weil dadurch alle Generationen gleichermaßen in eine Sackgasse geraten. Ich will damit nicht der Wiederherstellung einer „heilen Welt" das Wort reden, wie manche mir vorwerfen. Worum es vielmehr geht ist, unseren Kindern schlicht und einfach zu helfen, sie selbst zu werden, und das im Rahmen einer Gesellschaft, die besser ihren Hoffnungen entspricht als die gegenwärtige. Wenn man persönlich aussteigt, löst das nichts; man muß sich vielmehr unbedingt energisch und kreativ in die Gesellschaft einbringen, um sich darin zu entfalten und das eigene Leben gelingen zu lassen. So kommt es für uns darauf an, daß wir den nur zu gerechtfertigten Aufstand unserer stark beeinträchtigten Kinder unterstützen und mit ihnen Widerstand leisten. Unsere Kinder müssen nicht um jeden Preis zu Werkzeugen einer Gesellschaft werden, die aus ihnen in erster Linie „Hochleistungskinder" machen will, welche ihren Zwecken dienen.

III. Volle oder leere Köpfe?

*„Poesie findet man nirgends, solange man sie nicht in
sich selbst hat."*
Joseph Joubert

*„Alle Kinder haben ein Königreich
Alle Kinder sind kleine Herrscher ..."*
Jacques Brel

Die Kinder sind also nicht nur den Wünschen ihrer Eltern unterworfen, sondern ebenso der allgemeinen Entwicklung unserer Welt. In dieser Welt hat der Mensch es gelernt, sich selbst zu verkaufen, und zwar auf einem Markt, bei dem sich alles um die Arbeitskraft dreht. Sie muß er möglichst gewinnbringend verkaufen. Fortan ist der Mensch ein Verbrauchsgegenstand, der sich mit Bewerbungsschreiben und Lebensläufen, die mit seinen Leistungen und Verdiensten prahlen, feilbietet und sich auf diesem Markt verschleißen läßt und selbst verschleißt.

Im Französischen ist dafür symptomatisch, daß die bisherige Bezeichnung „Personalchef", die zwar einen paternalistischen Beigeschmack hatte, neuerdings durch eine modischere Bezeichnung ersetzt wird: Jetzt ist vom „directeur des ressources humaines – Direktor der menschlichen Ressourcen" die Rede. Daß man jetzt die Menschen als „Ressourcen" bezeichnet, paßt ganz ins Bild. Es ist das Bild einer profitbesessenen Gesellschaft, der es in erster Linie darum geht, „Menschenmaterial" optimal auszunützen und zweckvoll zu verwalten. Für die Unternehmen und die Gesellschaft sind die Beschäftigten zu einer Art „unerschöpflicher Mine" geworden, die man zunächst genau *einschätzen* muß, um sie dann möglichst gewinnbringend auszubeuten. So sickert die Begriffswelt der Wirtschaft in alle Bereiche unseres Alltagslebens ein, und schließlich wird ausnahmslos alles *vermarktet*.

Von daher wundert es nicht, daß sich die Sorge mancher Eltern ganz darauf konzentriert, ihre Kinder möglichst vorteilhaft *aufzubauen*, damit sie später auf dem Markt gute Chancen haben. Aus ihrem Nachwuchs wird unter diesen Verhältnissen eine Art Produkt, dem man möglichst früh die *unbedingt notwendigen* Qualitäten beibringt, die es braucht, um mehr als die anderen leisten zu können. Die Folge ist, daß wir heute weiter denn je davon entfernt sind, jene „wohlgebildeten Köpfe" auszubilden, auf die Montaigne so großen Wert gelegt hat; heute geht es vielmehr um möglichst „vollgestopfte Köpfe" – fragt sich nur, vollgestopft womit? Zweifellos mit Kenntnissen und Informationen aller Art, aber auch mit jenen hohlen Bildern und dem wertlosen Zeug, das uns Fernsehen und Computerspiele im Übermaß liefern.

Das Fernsehen und die stereotypen Bilder

Die ihrer schöpferischen Fähigkeiten „entleerten Köpfe"[6] sind bestens dafür disponiert, passiv endlos die Produkte der Massenmedien aufzunehmen, und die

---

[6] Um den Ausdruck „têtes vidées" von Jacques Roubaud aufzugreifen.

meisten von ihnen sind damit ganz zufrieden. Vom Fernsehen wird das Kind viel zu früh mit bewegten Bildern, Werbespots und allen möglichen Filmen überfüttert. Es läßt sich davon faszinieren und wird davon durchsetzt, und schließlich gerinnt ihm all das zu einer Scheinwelt, die weder die wirkliche Welt wiedergibt noch der Welt seiner eigenen Phantasie entspricht. Das Fernsehen hat zur Folge, daß „unser Wahrnehmungsvermögen verarmt und wir uns abgewöhnen, die Welt wirklich anzuschauen". Zudem wird ein Kind, das stundenlang vor der Flimmerkiste sitzt und pausenlos ihre Bilder aufnimmt, nur noch mit Ersatz-Träumen berieselt, und seine eigene Fähigkeit, zu träumen und Spiele zu erfinden, wird dadurch erdrückt, weil ihm dazu gar keine Zeit mehr bleibt. Von da her könnte man das Fernsehen geradezu als „Kinderfänger" bezeichnen, denn es wirkt auf die Kinder wie jene klebrigen Fliegenfänger, an denen sich die Fliegen nur immer noch mehr festkleben, wenn sie sich freizustrampeln versuchen.

In den USA sollen sich sogar Kinder zu Tode gestürzt haben, weil sie es wie Superman oder Batman machen wollten und aus dem Fenster gesprungen sind. Oder wenn wir bei uns bleiben, es sind Kinder schon erstickt, weil sie versucht haben, es dem Helden des Kultfilms *Im Rausch der Tiefe* nachzutun und in der Badewanne unter Wasser möglichst lange die Luft anhalten wollten.

Das fernsehsüchtige Kind spinnt sich in eine Welt ein, in der es die Kommunikation mit den anderen verlernt. Wer vom Fernsehen abhängig ist, verfällt der Antikommunikation schlechthin, es sei denn, er findet eine Verbindungsbrücke, indem er mit jemandem über das Gesehene sprechen, darüber diskutieren und dadurch Neues entdecken kann. Dann kann das Fernsehen eine sehr wichtige und wertvolle Rolle spielen, weil es den Horizont der Zuschauer wesentlich erweitert. Ein Beispiel dafür sind die Berichte aus fernen Ländern, die immer wieder aktuell geboten werden und zur Auseinandersetzung mit anderen Lebensverhältnissen und Gesellschaftsformen aus Vergangenheit und Gegenwart herausfordern. Ihr einziger Schwachpunkt ist, daß sie den Zuschauer dazu verleiten, mit möglichst wenig persönlichem Einsatz möglichst viel erleben zu wollen. Grundsätzlich jedoch eignet sich das Fernsehen hervorragend zum Sammeln von Informationen; es hilft, vielfältige Kenntnisse zu erwerben, einen kritischen Geist zu entwickeln und nach ganz persönlichen Wertkriterien auszuwählen, was man sich anschauen will.

Heute spielen sich 70 Prozent der Kommunikation über Bilder ab. Dieser Umstand ist erschreckend und wirft ernste Fragen auf, und man kann nur hoffen, daß sich das Fernsehen in Zukunft so entwickelt, daß die Kultur gegenüber der bloßen Unterhaltung an Bedeutung gewinnt.

Wenn heute weltweit die Bilder vorherrschen und immer noch stärker werden, so stellt das eine schwere Beeinträchtigung der Schrift und der gesprochenen Sprache dar. Wir sind dabei, das Sprechen zu verlernen, und damit auch die Ideen, deren Vehikel die gesprochenen Worte sind. Statt dessen drängen sich uns unzählige Bilder auf, und die Kinder werden von diesen vorgefertigten Bildern völlig überrollt. Das fertige Bild verringert spürbar den freien Spielraum, den zum Beispiel das Lesen läßt. Ein Kind, das ein Buch liest, behält seine Freiheit, mit Hilfe der Worte *seinen eigenen inneren Film zu produzieren*. Aber wie kann man sich noch sein eigenes Schneewittchen vorstellen, wenn man dasjenige im Film von Walt Disney schon gesehen hat? Das vorgefertigte Bild hat also eine Verarmung des Subjekts zur Folge. Alle Träume und eigenen Phantasien, die man früher selbst an Gehörtes und Gelesenes knüpfen konnte, werden fix und fertig geliefert. Das ist zum Beispiel der Grund dafür, daß man meistens enttäuscht ist, wenn man die Filmfassung eines Romans sieht, den man zuvor schon als Buch gelesen und geschätzt hatte. Gegenüber den eigenen Bildern und Vorstellungen, die man auf Grund des Gelesenen entwickelt hatte, erscheint der Film wie ein blasser Abklatsch.

Dieselbe Tendenz zum Vorgefertigten und Vereinheitlichten herrscht auch auf dem Gebiet einer so alltäglichen Tätigkeit wie dem Erlernen des Schreibens. Wenn die Textverarbeitung und der Computer die Schrift uniformieren, weil sie auf dem Weg über den Bildschirm jede Eigenart verliert, braucht man sich schließlich gar nicht mehr die Mühe zu geben, eine persönliche Handschrift zu entwickeln. Auch das Rechtschreiben wird nicht mehr so wichtig, denn dafür gibt es Rechtschreibprogramme, die den Text durchkorrigieren, und auch komplizierte grammatikalische Regeln will man den Leuten immer weniger zumuten. Das Üben von starken und schwachen Verben, das früher den Zugang zur literarischen Sprache erschloß, wird bald nur noch in Liebhaberkreisen zu finden sein und dort als besondere Kunstform wie die Kalligraphie gepflegt werden. Früher bot die handgeschriebene Schrift den Reiz, daß sie die direkte Spur eines Briefpartners war, der sich die Blöße gab, seine Schrift als Niederschlag seiner augenblicklichen Stimmung zu übermitteln. Ich glaube nicht, daß man einen vom Computer ausgedruckten Brief, der anonym wirkt, makellos ist und keinerlei persönlichen Note enthält, mit dem gleichen Gefühl liest wie einen handgeschriebenen Brief. So wird schließlich ironischerweise die Handschrift nur noch für Bewerbungsschreiben gebraucht. Bei dieser Gelegenheit will man aus der Handschrift etwas über die Persönlichkeit des Bewerbers erfahren, und er gibt über diese „Spur" etwas von seinem Innenleben preis, ohne das zu wollen.

Die Videospiele

Zugegeben, es fällt schwer, den Eltern daraus einen Vorwurf zu machen, daß sie es stillschweigend dulden, wenn ihre Kinder sich mit Videospielen die Zeit vertreiben. Man weiß ja, wie wenig Zeit heutige Eltern haben und wie wenig sie sich folglich ihren Kindern persönlich widmen können. Zahlreiche Kinder sind heute täglich stundenlang ganz allein daheim, und in dieser Zeit müssen sie „irgendwie beschäftigt werden". Dieses Phänomen tritt übrigens am häufigsten in den Städten auf: dort sind die Videospiele am meisten verbreitet. Die Lösung ist billig und einfach, einen Gameboy anzuschaffen, der das Kind pausenlos beschäftigt, bis der eine oder andere Elternteil heimkommt; eine regelrechte Schwemme von Spielen macht es möglich, daß man bis zu sechs Stunden am Tag damit verbringt. So sind die Eltern das Problem los, wie sie ihr Kind beschäftigen sollen, und sie haben eher das umgekehrte Problem, die Zeit einzuschränken, die das Kind dem Videospielen widmet.

Wie schon durch das Fernsehen, so werden die Kinder erst recht durch die Videospiele passiv, wozu noch weitere ernsthafte Gefahren kommen. Es wurde sogar schon behauptet, diese Art Spiele habe zu epileptischen Anfällen geführt. So weit will ich gar nicht gehen; ich möchte vielmehr auf die Gefahren hinweisen, die sich für die gesunde Entwicklung des Kindes daraus ergeben. Das Kind befindet sich in jenem Abschnitt des Lebens, in dem der Mensch den fruchtbaren Umgang mit der Welt, dem Leben und dem Tod lernen soll. Gerät es ausgerechnet in dieser Phase in die Hörigkeit gegenüber Spielen, so taucht es damit in eine Schein- und Kunstwelt ein, die es nicht für das wirkliche Leben ertüchtigt. Symptomatisch dafür ist zum Beispiel die Frage eines Kindes an die Mutter, als gerade der Großvater gestorben ist: „Warum hat Großpapi eigentlich bloß ein einziges Leben? Im Videospiel haben sie doch oft sogar zehn Leben."[7]

Hinzu kommt, daß das Schema von Bestrafung und Belohnung, das im Gameboy konsequent gilt und fast wie der Pawlowsche bedingte Reflex eingeimpft wird, beim Kind zu einer regelrechten Abhängigkeit führt. Die Erfinder dieser Programme haben ihre Spiele obendrein noch mit einer suggestiven Musik und einer Graphik versehen, die den Spieler in ihren Bann schlagen und in ihm den dringenden Wunsch hervorrufen, wieder dazu zurückzukehren. Im Gegensatz zum „kreativen Spiel" macht das Videospiel außerdem nie jemanden wirklich zufrieden, denn es ist raffiniert so programmiert, daß es eine permanente leichte Frustration auf-

---

[7] Eine von Geneviève Jurgensen berichtete Begebenheit in *Science et Vie micro* Nr. 103/März 1993. Dem ganzen Artikel von Anne Pichon im selben Heft verdanke ich im übrigen zahlreiche interessante Informationen. Siehe zum Thema auch *Science et Vie micro* Nr. 110/ November 1993.

rechterhält. Das garantiert seinen Produzenten, daß das Kind endlos damit weiterspielt. So kehrt man immer wieder dazu zurück.

Der Werbeslogan der Firma Sega: „Das ist stärker als du" ist in dieser Hinsicht exemplarisch. Er unterstellt, daß das Kind mit diesem Phantasieprodukt, das andere für es erfunden haben, nie fertig werden wird. Selbst wenn es sich davon „entgiften" wollte, hat es doch sein Kostbarstes an das Spiel verloren: seine geistige Freiheit.

Im übrigen macht das Kind beim Videospielen die Erfahrung des Verlierens. Es wird ans dauernde Verlieren gewöhnt. Endgültig wird es nämlich nie gegen das Gerät gewinnen, das es nach jedem kleinen Sieg sofort auf einen höheren, schwierigeren Level führt. So wird das Kind in eine Maschinerie verstrickt, die es immer wieder zum Verlierer macht. Dadurch gerät es schon sehr früh in die Lage, daß es immer wieder zu gewinnen glaubt, aber am Schluß doch immer wieder der Verlierer ist.

Das Videospiel fixiert das Kind passiv auf seinen Ablauf. Dadurch hält es das Kind von der Konfrontation mit dem wirklichen Leben ab. Im wirklichen Leben kann das Kind immer wieder zu sich selbst zurückkehren und sich eine innere Welt nach seinem eigenen Maß erschaffen. Außerdem hindert das Videospiel das Kind daran, sich körperlich frei zu bewegen. Natürlich bewegt es sich, aber nur im Rhythmus des Spiels, dem es sich buchstäblich unterwirft, so daß sein eigener Körper wie „ferngesteuert" reagiert. Dieses rudimentäre physische Nachahmen dessen, was sich auf dem Bildschirm abspielt, wirkt verkümmernd, denn das Kind spürt dabei nicht mehr seinen Körper und verliert so die Fähigkeit, seine Wahrnehmungen und seine persönlichen Gefühle voneinander zu unterscheiden. Genau wie das Fernsehen schaltet das Spiel das Phantasievermögen des Kindes aus; es geht so weit, daß es ihm sogar die Töne liefert, die die einzelnen Handlungen begleiten. Das Kind wiederholt diese als stereotype Laute, und sie sind völlig anders als diejenigen, auf welche es selbst käme, wenn es zu selbsterfundenen Abenteuern losziehen würde. Man muß zum Vergleich dazu nur einmal beobachten, welche unwahrscheinlichen Laute kleine Jungen von sich geben, wenn sie in eigene Phantasiespiele vertieft sind.

Allerdings gibt es auch die Möglichkeit, die Informatik sinnvoll einzusetzen. Raffinierte graphische Software bietet fast unbegrenzte Möglichkeiten, irgendwelche der eigenen Phantasie entsprungenen Einfälle umzusetzen. Wenn jedoch umgekehrt das Kind auf Computer- und Videospiele beschränkt bleibt, verharrt es in einer Welt, die für alle Spieler identisch ist. Damit läuft es Gefahr, in seiner Entwicklung behindert zu werden, denn sein künftiges Verhalten wird dadurch auf bedauerliche Weise konditioniert und standardisiert.

Hält man sich diesen Sachverhalt vor Augen, so wird klar, daß man es dort, wo ein Kind nach Computerspielen süchtig ist, mit einem eindeutigen Symptom zu tun hat. Ein Kind mit gut entwickelter Phantasie wird wahrscheinlich von sich aus das Videospielen und Fernsehen einschränken. Tatsächlich habe ich persönlich schon oft beobachtet, daß ausgeglichene Kinder selten danach „süchtig" sind und keine Neigung zu dieser Art der Abkapselung und Ausflucht zeigen; das tun vielmehr diejenigen, denen es aus irgend einem Grund nicht besonders gut geht.

Ich entsinne mich zum Beispiel eines fünfzehnjährigen Jugendlichen, der von diesen Spielen sehr abhängig war; seine Schule hatte sich wegen seines asozialen Verhaltens an mich gewandt. Die Kommunikation dieses Schülers mit den anderen beschränkte sich auf einige wenige Wörter, wenn er mit ihnen Disketten austauschte. Abgesehen von diesen knappen Kommentaren zu den verschiedenen Spielen, hatte er für absolut nichts anderes und niemand anderen Interesse. Sein Verhalten war nach und nach derart zwanghaft geworden, daß er nichts anderes mehr tat, als unzählige Stunden vor seinem Gerät zu sitzen und buchstäblich daran zu kleben.

Eine Studie der berühmten medizinischen Fakultät von Harvard kommt zu dem Schluß, daß es sich „bei der Gewöhnung an die elektronischen Medien um eine Form der Pathologie handelt. Der Benutzer verbringt immer mehr Zeit vor seinem Bildschirm. Er isoliert sich und vergißt die anderen Aspekte seines Lebens ... Die elektronischen Geräte erschaffen eine parallele Wirklichkeit, die sehr wohl das Bewußtsein verändern kann" (*Le quotidien du médecin*, März 1995). In meinen Augen bietet der Gameboy dem Kind das, was dem Erwachsenen seine elektronischen Geräte bedeuten. Ein schwaches Kind macht er abhängig, denn es hat das Bedürfnis, der Realität auszuweichen oder seine beängstigende innere Welt zum Verstummen zu bringen; ein starkes Kind kann seiner äußeren und inneren Wirklichkeit standhalten, sich mit ihr auseinandersetzen und seine Freude in anderen Dingen suchen.

Werden die Bedürfnisse uniformiert, so tötet das die Sehnsucht ab, denn die Sehnsucht entfaltet sich dank persönlicher Neugier und Entdeckerfreude, die von einer verantwortungsbewußten Umgebung geweckt werden. Das Individuum ist dann autonom und psychisch und affektiv im Lot, wenn es über ein reiches Innenleben verfügt. Doch die Hersteller von Videospielen sind nicht an einem reichen Innenleben interessiert, im Gegenteil: Das wäre ihren Umsätzen eher schädlich. Wenn ein Kind schon sehr früh von ihnen konditioniert wird, wird es zweifellos zu einem „sehr nützlichen Bürger", zunächst für die Gesellschaft und später für seine Firma, denn es wird sich immer bemühen, innerhalb des Systems gut zu funktionieren. Solche Menschen sind nach Belieben manipulierbar, denn sie begnügen sich mit der Scheinbefriedigung, die ihnen das immer neue Konsumieren verschafft. Ist ein Mensch so konditioniert, wird er zur leichten Beute für die Macher der Konsum- und Informationswelt und des allgemeinen Spiels, denen es darum geht, ihn immer mehr aus dem Gleichgewicht zu bringen und in die glorreiche Scheinwelt ihrer virtuellen Realität zu entführen.

Die virtuelle Realität

Die virtuelle Realität, dieses vorfabrizierte Geschöpf am Rande der Phantasiewelt, das man widersprüchlicherweise als „Realität" bezeichnet, stellt zweifellos für das wirklich schöpferische Träumen eine echte Gefahr dar. Die virtuelle Welt, in die sich der Mensch eingeschlossen findet und die er nach seinem Belieben abwandeln kann, ist ein Köder, dem das Individuum in seiner Doppelrolle als Zuschauer und Handelnder wider Willen auf den Leim geht. Noch sind wir in der Lage – aber wie lange noch? –, zwischen der Realität und unseren Phantasieprodukten zu unterscheiden und die Grenzlinien selbst zu ziehen. Es besteht die Gefahr, daß das nicht mehr so sein wird, wenn uns diese neuartige Aktivität vollends in Beschlag nimmt und uns in ein gefährliches Gemisch aus beiden Welten versetzt, in dem die klaren Konturen verwischt sind, weil fortan beide fließend ineinander übergehen und wir „die Schlüssel zu dem, was wir erleben, in der Hand haben ... und wir uns zum Teil eines erschaffenen Bildes machen, ... uns auf eine totale Gegenwärtigkeit einlassen sollen, in der alle Illusionen von Vergangenheit und Zukunft ausgeblendet sind"[8].

Sich in eine fiktive Welt zu versetzen, stellt eine echte Bedrohung dar, denn das kann in labilen Gemütern, die nicht über genügend Abwehrkräfte verfügen, Folgewirkungen haben, die an Geistesverwirrung grenzen, wenn sie von der Reise in eine Welt zurückkommen, in der alles möglich ist und wo Bilder, Klänge und alle übrigen Sinneswahrnehmungen künstlicher Natur sind. Hier ist echte Sorge darüber angebracht, wie sich das auf den Geist von Kindern auswirken wird, der sich erst noch entfalten muß. Die Bezeichnung „virtelle Realität" trägt schon in sich diese Widersprüchlichkeit: Die Realität ist etwas, was es tatsächlich gibt, das Virtuelle dagegen etwas, das es der Möglichkeit nach, aber nicht wirklich gibt. Das sind also zwei einander widersprechende Begriffe. Nun ist allerdings diese Kombination zweier gegensätzlicher Begriffe zweifellos kein Zufall, sondern bringt die Zweideutigkeit gut zum Ausdruck, die darin liegt, daß die imaginäre Welt tatsächlich an die Stelle der Wirklichkeit treten könnte, und

---

[8] Jean Baudrillard, *Les pouvoirs de l'image*, Dunod 1994, 8

zwar mittels „der Magie eines virtuellen Körpers, der mit übermenschlichen Fähigkeiten ausgestattet ist". Viele Experten warnen beharrlich vor den verheerenden Folgen eines solchen Unternehmens, das „alle Vitalkräfte der Persönlichkeit zugunsten einer oder mehrerer virtueller Welten anzapft"[9]. Das könnte dazu führen, daß die Individuen schießlich blutleer und kraftlos werden und gar nicht mehr fähig sind, sich ganz auf die wahre Wirklichkeit einzulassen, die mit ihren Grenzen und Verboten im Vergleich mit der selbsterschaffenen Scheinwelt natürlich immer recht enttäuschend wirkt. Wenn die Wirklichkeit auf diese Weise ins Hintertreffen gerät, läuft sie Gefahr, daß man sie zunehmend weniger schätzt ... und weniger Aufmerksamkeit und Kraft in sie investiert. Dann wird nämlich das neue „künstliche Paradies" alle jene Sehnsüchte erfüllen, die die Wirklichkeit immer wieder nur enttäuschen kann.

Schon das Fernsehen wird bezichtigt, permissiv zu sein und alle möglichen phantastischen Ausfluchten zu ermöglichen; aber im Vergleich zu jener Destabilisierung und Verwirrung, die die Illusion der virtuellen Realität verursachen kann, wirkt es geradezu harmlos. Es hat verheerende Folgen, wenn „der Mensch aufhört, an sein eigenes Dasein zu glauben und sich statt dessen für ein virtuelles Dasein entscheidet, also ein selbstgesteuertes Schicksal"[10].

Wie sollten da Kinder, die bereits von der illusionären Welt der Bilder verbogen sind, ohne Bedauern und Kummer auf die Allmacht verzichten, die sich ihnen in ihrer Leichtgläubigkeit anbietet? Es genügt ja,

---

[9] Jean Baudrillard, *Le crime parfait*, a.a.O. 64
[10] Jean Baudrillard a.a.O.

sich selbst einen Gesprächspartner nach den eigenen Vorstellungen zu erschaffen, um seine Sehnsucht zu erfüllen! So wird bereits das Kind zum aktiv Handelnden und sitzt in der Falle einer Kunstwelt, die wirklicher als die wahre Wirklichkeit wirkt und seinem Bedürfnis nach Allmacht wunderbar entgegenkommt. Die Frustrationen, die ihm die Wirklichkeit zumutet, können dann nur immer größer werden, als sie es ohnehin schon sind. Wie soll das Kind es bei zwei so grundverschiedenen Welten dann noch fertigbringen, den Übergang aus der einen Welt in die andere zu schaffen? Und welche Kommunikation bleibt ihm dann noch? Die Vorstellung, das Leben könne glücklicher werden, wenn man seine Schwierigkeiten leugnet und sie nicht mehr wahrnehme, ist eine Illusion. Die Flucht in eine fiktive Welt muß unvermeidlich zur Folge haben, daß die Realität immer weniger akzeptabel wird. Ist nicht genau das auch die schlimme Folge des Genusses von Drogen?

Wenn man sich der Realität stellt, kann man seine eigenen Fähigkeiten entdecken und ganz persönlich an der Verbesserung der Welt mitarbeiten. Das ist der Preis, den man bezahlen muß, um eine Wahrheit über sich selbst zu erfahren, die sich im übrigen recht gut damit verträgt, daß man immer wieder einmal in eine kreative persönliche Phantasiewelt ausweicht, mit der man vorwegnimmt, was kommen soll. Das vollkommenen Glück finden zwar nur der Prinz und die Prinzessin im Märchen, aber die unvermeidlichen Frustrationen, die das Leben mit sich bringt, können ein Ventil und eine vorübergehende Lösung finden, wenn man in die eigene Phantasiewelt eintaucht. In diesem Sinn haben wir ein unverzichtbares Bedürfnis, immer wieder einmal Träumen nachzuhängen. Wenn wir das tun, beeinträchtigt das nicht unser Verhältnis zur äußeren Wirklichkeit, sofern wir dabei ein gesundes Maß einhalten und unsere Träume ins wirkliche Leben integriert bleiben; ja im Gegenteil, unsere Träume können dann die äußere Wirklichkeit bereichern. Es scheint sogar immer mehr notwendig zu werden, die „cohabitation" oder „Koexistenz" von Wirklichkeit und Traum zu ermutigen, damit sich die beiden einander ergänzenden Welten gegenseitig befruchten. Ein solches „Gemeinschaftsprojekt" ist etwas ganz anderes als jene Verwirrung, die man mittels der virtuellen Realität hcrstellt, welche reale Welt und Traumwelt miteinander verschmilzt. Wir müssen unbedingt darauf bedacht sein, daß die Phantasiewelt nicht zur Domäne bestimmter Spezialisten wird, die dann eine für alle Menschen identische Phantasiewelt erschaffen, und das auf Kosten des kreativen Phantasievermögens jedes einzelnen Menschen. Es ist eine Aufgabe ersten Ranges, daß wir uns diese Fähigkeit zur individuellen Kreativität um jeden Preis bewahren.

Alle diese Erscheinungen zusammen führen dazu, daß unsere Kinder zu leicht manipulierbaren Wesen werden, deren Innenwelt völlig verkümmert ist, weil sie ihr eigenes Phantasievermögen nicht richtig entwickelt haben. Den Platz ihrer Innenwelt nimmt immer aufdringlicher die Außenwelt ein, die sich mittels einer unablässigen Flut von Bildern in sie ergießt. Diese Bilder sind zwar auch mit Gefühlen verbunden, aber mit sehr armseligen und flüchtigen. Zahlreiche Kinder sind nicht mehr imstande, eine Welt zu zeichnen, die sie mit ihren eigenen Sinnen aufgenommen und verarbeitet haben, sondern sie fertigen nur noch einen Abklatsch jener Comicfiguren an, von denen ihr Kopf voll ist. Das geht so weit, daß sie nachts im Schlaf bestimmte Episoden nachspielen und zum Beispiel angstmachende Roboter oder Comic-Helden erleben, die den früher allbekannten und unheimlichen bösen Wolf abgelöst haben.

So hatte ich zum Beispiel in meiner Praxis mit einem ungefähr siebenjährigen Jungen zu tun, den mir sein Kinderarzt geschickt hatte. Er litt unter schrecklichem Kribbeln in seinen Händen, ohne daß dafür eine organische Ursache festgestellt werden konnte. Zu anderen Zeiten hatte er im Gegenteil den Eindruck, seine Hände überhaupt nicht mehr zu spüren, was so weit ging, daß er immer wieder ausdrücklich nachprüfen mußte, ob sie noch da waren, und das unablässig bei Tag und Nacht. Woher dieses Symptom einer Phobie stammte, stellte sich beim Therapiegespräch heraus: Dieses Kind sah regelmäßig allein fern, und bei einer Gelegenheit war es zutiefst von einer Filmszene beeindruckt worden, in der eine abgehackte Hand bluttriefend auf einen Beistelltisch gelegt worden war und sich weiterhin bewegte und nach allen möglichen Gegenständen griff. Diese Szene war traumatisierend genug gewesen, um bei diesem Kind von erregbarem und empfindsamem Charakter, das zudem in einer wenig Sicherheit vermittelnden familiären Situation lebte, psychosomatische Erscheinungen hervorzurufen, mit denen es nicht mehr fertig wurde. Diese bewußt herbeigeführte Verwirrung zwischen Illusion und überzogen realistisch dargestellter Wirklichkeit gefährdet unvermeidlich das psychische Gleichgewicht des Kindes, dessen Fähigkeit, selbsttätig Phantasiebilder zu entwickeln, unverzichtbar ist.

Das Verbot, Phantasien nachzuhängen

Das vorgefertigte Bild tötet die Phantasie. Die Medien reißen die Fähigkeit der Kinder zum Phantasieren an sich, indem sie deren schöpferische Anlagen zerstören und ihnen dafür die genormten Bilder aus ihrer Produktion liefern. So sind wir heute in einer Gesellschaft, die sich wenig darum schert, welche Nahrung ihre Kinder bekommen; wir sind Zeugen der Erschaffung einer *fastfood-Phantasiewelt* sowohl im strengen als auch im übertragenen Sinn. Dem Kind wird heute die Gewalt unverarbeitet zugemutet: Man nimmt ihm die Möglichkeit, so wie früher seinen eigenen Ängsten angemessenen Ausdruck zu verleihen, wo sich zum Beispiel hinter der Angst vor dem bösen Wolf seine eigenen Angstphantasien verbergen konnten. Jetzt wird es mittels vorfabrizierter Ängste, die es manipulieren, gefügig gemacht, und das sind Phantasiebilder, die für alle Kinder identisch sind.

So identifiziert sich das Kind mit dem Roboter, der als Held alles terrorisiert. Der Wolf hatte noch den Vorzug, Teil der Natur zu sein; das Kind erfuhr von ihm in kleinen Dosen aus dem Mund der Erwachsenen, die ihm dabei Sicherheit vermittelten. Die Erwachsenen bekamen nicht nur die Gefühle des Kindes mit, sondern verstanden diese auch mit ihm zu teilen. So boten sie dem Kind ein zuverlässiges Sprungbrett in die Phantasiewelt, in diese Welt also, in der sowohl die Phantasievorstellungen als auch alle Arten künstlerischen Gestaltens ihren Ursprung haben.

Heutzutage, wo der Weihnachtsmann zum „Ausbremser der Phantasie" geworden ist, weil er einem an allen Straßenecken über den Weg läuft, und wo man die

Kinder mit Hilfe von Videoaufnahmen zu Augenzeugen ihrer eigenen Geburt macht, kann man sich die Frage stellen, was aus der Phantasie geworden ist. Nur noch Fakten scheinen zu zählen; die Wahrheit der Fakten und ihre greifbaren Ausdrucksformen sind gefragt, und das zum Nachteil der Annäherung an die Wirklichkeit mittels von Träumen. Mit einem Mal wird die Aggression, die ein Bestandteil des menschlichen Verhaltens ist und in jedem steckt, auf dem Spielplatz der Wirklichkeit offen ausgetragen. Man verarbeitet sie nicht mehr, indem man von ihr phantasiert, sondern man lebt sie hemmungslos im Alltagsleben aus. Aus dem Grundprinzip unserer Gesellschaft, daß alles rentabel sein muß, ergibt sich das Verbot, Phantasien nachzuhängen, was wiederum die Gewalttätigkeit dazu ermutigt, sich gnadenlos und unkontrolliert im realen Leben auszutoben. Wer dagegen einen Zugang zur Phantasiewelt hat, dem bietet sich die Möglichkeit, dieses Gewaltpotential zu sublimieren und in etwas anderes umzuwandeln, was den Vorteil hat, daß seine destruktiven Auswirkungen eingeschränkt werden.

So wird der heutige Mensch hyperaktiv, weil er ganz im Bann des *Tuns* und *Machens* steht, und das auf Kosten des *Empfindens* und des *Spirituellen*, welches für das Menschsein ganz wesentlich ist. Läßt der heutige Mensch jedoch vom Tun ab, so steht er nur noch vor seiner eigenen inneren Leere, die er dann in voller Wucht erfährt. Das kann ihn entmutigen und sogar depressiv werden lassen.

Angesichts dieser Tatsachen wäre es zu einfach, aus all dem nur der Gesellschaft einen Vorwurf zu machen; man muß zugleich auch versuchen, sich selbst in Frage zu stellen. Wir haben die Pflicht, angesichts des Ausmaßes dieser Phänomene nicht zu kapitulieren. Wir müssen um jeden Preis nach Möglichkeiten suchen, wie wir einen Wandel im Verhalten unserer Kinder herbeiführen können, indem wir sie zu kritischem Denken erziehen und ihre kreativen Fähigkeiten wecken. Genau wie in uns selbst, stecken auch in ihnen ungeahnte Reichtümer, die wir ans Licht bringen sollten. Wir sind heute dazu *verurteilt*, uns auf diese gewaltige Herausforderung einzulassen.

ZWEITER TEIL

Ein Platz für Träume

I. Über die Phantasie

„*Besteht nicht die größte Torheit darin, daß man die Welt so sieht, wie sie ist, statt sie so zu sehen, wie sie sein sollte?*"

Jacques Brel

„*Mein Standbein habe ich in der Welt der Phantasie.*"

Raymond Devos

Das Spielen als Sprache

Franziska ist vier Jahre alt, und sie ist gerade mit ihren Eltern umgezogen. Sie sind aus einem Haus in einem Vorort von Paris in eine Wohnung mitten in Paris gezogen, was dem Töchterchen ganz und gar nicht zu gefallen scheint.

Kurze Zeit nach diesem Umzug der Familie beschließt Franziska, sich unter dem Tisch im Eßzimmer einzunisten. Dort nimmt sie ihre Mahlzeiten zu sich, spielt sie und schläft sie sogar. Sie bringt alle ihre Lieblingsspielsachen dorthin, kapselt sich ab und weigert sich von da an hartnäckig, am Familienleben teilzunehmen. Sie erfindet sogar eine unsichtbare Ente, gibt ihr den Namen Constantin und macht sie zu ihrem Vertrauten und Freund.

Ihre Eltern sind mehr als ratlos und beschließen, mich zu konsultieren. Ich habe ein lebhaftes und offenes Kind vor mir, das mir nicht in einem besorgniserregenden Zustand psychischen Leidens zu sein scheint.

Während der Sitzung wählt sie aus meinem Spielzeugschrank zwei Häuser aus, die sie mit Hilfe einer Schnur fest zusammenbindet. Das nehme ich als Einstieg, um mit ihr über den Punkt zu sprechen, an dem ich ihre Schwierigkeit vermute, nämlich daß sie „noch nicht auf ihre alte Wohnung verzichtet hat, und daß ein solcher Wechsel für ein kleines Mädchen, das sehr an *seinem Leben vor dem Umzug* hängt, nur sehr schwer zu verkraften ist". Franziska sperrt sich auf ihre Weise gegen das, was ihr die Eltern aufgezwungen haben und „baut sich ein neues Haus für sich und ihren neuen Freund, die Ente Constantin, die sie auf keinen Fall enttäuschen kann".

Das kleine Mädchen hört mir ganz aufmerksam und ernst zu, um mir schließlich mit einem Jubelschrei recht zu geben. Ich schlage ihr daraufhin vor, ihren Eltern den Grund für ihr Verhalten zu erklären. Diesen Vorschlag nimmt sie mit einer gewissen Erleichterung an.

Mit ihrem Sich-Einrichten unter dem schützenden Tisch hat sie symbolisch ihre Vergangenheit inszeniert, mit der sie nicht so schnell brechen konnte wie ihre Eltern. Da sie keinen Einfluß auf die Entscheidung zum Umzug gehabt hatte, war sie auf die Idee gekommen, sich einen Zwischenzustand zu erschaffen, der darin bestand, unter dem Tisch das alte Haus wiederherzustellen, um es auf diese Weise im neuen Haus beizubehalten. Sie tat das, um für sich selbst Zeit zu gewinnen, bis sie auf das eine zugunsten des anderen verzichten konnte. Dank dieses Manövers in einer destabilisierenden Situation war sie in der Lage, ohne allzu große Verletzungen den Übergang mitzuvollziehen.

Es war unerläßlich, ihr diese Konstruktion, auf die

sie ganz von allein gekommen war, zu erlauben, denn ohne ihre Hilfe wäre sie zweifellos sehr traurig geworden. Dabei zählte nicht, daß die neue Wohnung viel schöner und bequemer als die vorherige war, denn das Problem bestand darin, daß sie an dem Gewesenen hing. Es genügte, dieses Problem zu verstehen und mit ihr zu teilen und ihr obendrein die notwendige Zeit zu lassen, um den Verlust der alten Wohnung zu betrauern. Jeder Versuch, sie zur Vernunft zu bringen, wäre umsonst gewesen. Das, was sie unter dem Tisch inszeniert hatte, war für sie eine Art Sprache, mit der sie die Schwierigkeiten klar zum Ausdruck brachte, mit denen sie zu kämpfen hatte. Zwar hatten ihre Eltern bewußt darauf geachtet, sie rechtzeitig auf den bevorstehenden Umzug vorzubereiten, aber bekanntlich haben Kinder eine ganz andere innere Zeit als Erwachsene.

Für das Kind ist die Zeit ein sehr vager Begriff, den es erst ganz allmählich zu erfassen lernt, genau wie alle anderen Eigenarten der Außenwelt auch. Wenn es sich *nach und nach* an seine Umgebung anpassen kann, ermöglicht das sein psychisch-affektives Gleichgewicht und schafft die Gewähr für seine gesunde Entfaltung.

Der Umstand, daß Franziska ihre Schwierigkeiten in ein symbolisches Verhalten umsetzen konnte, half ihr entscheidend beim Übergang von der einen in die andere Lebenswelt, also beim Schritt aus der Vergangenheit in die Zukunft. Ihre Eltern akzeptierten mit Erleichterung diese Deutung des Symptoms ihrer Tochter. Sie respektierten ihre Inszenierung, die nicht sehr viel länger als vierzehn Tage anhielt. Dann war Franziska so weit, daß sie auf die Wohnung ihrer Kleinkinderzeit verzichten und sich ganz auf das neue Haus einlassen konnte. Zu verdanken hatte sie das der Vermittlung ihres kreativen Spiels, auf das sie glücklicherweise selbst gekommen war.

Es handelt sich hier um eine der wesentlichen Funktionen des Spielens: Das Spielen erlaubt es dem Kind, seine Seelenzustände, seine Wünsche, seine Gedanken oder seine Probleme zum Ausdruck zu bringen. In dieser Hinsicht hat das Spielen von Natur aus therapeutische Qualität, und zwar in dem Maß, in dem es dem Kind ermöglicht, alles, was es bedrückt oder worunter es leidet, zum Ausdruck zu bringen. Auf diese Weise kann es seine Phantasievorstellungen nach außen projizieren und ein Übermaß an Gefühlen, die es heimsuchen, abreagieren.

Ich wollte die Geschichte von Franziska deshalb erzählen, weil mir daran lag, zu zeigen, in welchem Maß das Spielen eine unschätzbare Hilfsquelle ist, die dem Kind hilft, mit den Prüfungen fertig zu werden, denen es seitens der Realität ausgesetzt wird. Wenn man bei der Kindertherapie das Spielen und auch das Zeichnen verwendet, dann unter anderem deshalb, weil uns das Einblicke in die verborgensten Tiefen der Kinder verschafft, in ihr tiefstes Inneres. Kinder verfügen noch nicht über die Mittel, sich anders als durch diese ihnen eigenen Formen der Sprache auszudrücken.

Ähnlich ist es bei einem fünfeinhalbjährigen Jungen, mit dem seine Mutter nach ihrer Scheidung zu mir kommt. Ihr neuer Lebensgefährte, also der künftige Stiefvater, mit dem sie bereits zusammenlebt, ist auch dabei. Das Kind wird ständig von Alpträumen heimgesucht und kann nicht mehr schlafen. Nach Aussage der Mutter ist Nicolas tief deprimiert aus den Ferien zurückgekehrt, die er mit seinem Vater verbracht hat.

Seither hat er sich ganz in sich selbst zurückgezogen, spielt überhaupt nicht mehr und will auch von der Vorschule nichts mehr wissen.

Die Mutter glaubt, bestimmt sei der Vater am schlechten Zustand ihres Sohnes schuld; sie ist der Überzeugung, er „habe sein Kind grob mißhandelt", worauf ein merkwürdiger Sturz deute, den der Junge angeblich bei ihm gehabt habe. Sie kommt zu mir auf Anraten ihres Anwalts, damit ich ihr bescheinige, es sei notwendig, dem Vater das Besuchsrecht für sein Kind zu entziehen. Das fällt allerdings nicht in die Kompetenz eines Psychotherapeuten, dessen Rolle sich darauf beschränkt, zum Wortführer des Kindes zu werden.

Starr und ohne eine Miene zu verziehen, hört der kleine Junge mit an, was mir seine Mutter erklärt, und sie wird dabei von ihrem allgegenwärtigen Gefährten unterstützt, der meiner Meinung nach in dieser Konfliktsituation viel zu parteiisch ist.

Ich schlage vor, Nicolas solle etwas malen, falls er Lust dazu habe. Er greift nach Farbstiften und vertieft sich mit großer Konzentration darin, eine sehr ausdrucksstarke Maske im Stil der venezianischen Masken zu zeichnen; graphisch legt er eine Präzision an den Tag, die für ein Kind seines Alters erstaunlich ist. Ich bin sehr beeindruckt von dieser Zeichnung, die mir einer wichtigen Botschaft gleichzukommen scheint. Daraufhin bitte ich darum, ohne seine beiden Begleiter mit ihm sprechen zu können. Diese akzeptieren das nicht ohne Widerstreben und setzen sich schließlich wieder ins Wartezimmer.

Sobald wir beide allein sind, frage ich Nicolas, dessen nur allzu beredtes Schweigen mich verwirrt, ob er tatsächlich nicht mehr zu seinem Vater gehen wolle.

Statt einer Antwort bricht der kleine Junge in Tränen aus und kann vor lauter Schluchzen gar nichts mehr sagen.

Ich respektiere seinen Schmerz und sein Stummbleiben und schlage ihm vor, mich noch einmal zu besuchen, und zwar zusammen mit seinem Vater. Damit ist er sofort einverstanden, und es tröstet ihn offensichtlich derart, daß seine Tränen auf der Stelle versiegen. Ich reiche ihm meine Visitenkarte und sage zu ihm, er solle sie seinem Vater geben, damit dieser sich wegen eines Termins direkt mit mir in Verbindung setzen könne.

Meine Entscheidung überrascht das Paar und scheint ihm nicht besonders zu gefallen, aber ich beharre darauf und erkläre sie damit, daß ich immer beide Elternteile meiner jungen Patienten sehen möchte. So sehen sie sich gezwungen, das zu akzeptieren, und Nicolas verabschiedet sich erleichtert.

Einige Tage danach sehe ich ihn wieder, diesmal in Begleitung seines Vaters. Als er mein Zimmer betritt, verblüfft mich, wie entspannt und froh er wirkt. Das ist wie Tag und Nacht im Vergleich zu seinem Zustand bei unserer ersten Begegnung. Endlich bekomme ich auch die Stimme von Nicolas zu hören, die unter anderem eine große Zärtlichkeit für seinen Vater verrät, und umgekehrt ist ihm auch sein Vater zärtlich zugetan. Das ist er umso mehr, als er sehr an seinem Kind hängt und mir sagt, er sei sehr beunruhigt und wütend angesichts der Drohung, man werde ihm sein elterliches Sorgerecht entziehen.

Ich ermutige sie beide, unbedingt ihr gutes Einvernehmen zu bewahren; sie sollten ja nicht ihren festen Zusammenhalt, der offensichtlich sei, aufgeben.

Ich muß hier die Erzählung abbrechen, denn der Fortgang dieser Geschichte geht über das hinaus, wovon ich hier handeln will. Für unseren Zusammenhang möchte ich daraus nur festhalten, daß der kleine Junge versucht hat, mit Hilfe seiner Zeichnung eine Botschaft zum Ausdruck zu bringen. Die „Maske" stellte zweifellos die Notwendigkeit dar, vor die er sich gestellt sah, seine wahren Gefühle gegenüber seinem künftigen Stiefvater zu verstecken, vor dessen gewalttätigen Reaktionen er Angst hatte. Dieser Mann hatte auch auf mich den Eindruck gemacht, allzu sehr darauf zu drängen, die Vaterstelle für diesen wunderbaren Jungen einnehmen zu können. Was seine Mutter anging, so benützte sie unbewußt ihren Sohn dazu, alte Rechnungen mit ihrem Mann zu begleichen und den Wunsch ihres neuen Lebensgefährten nach der Vaterrolle zu erfüllen. Die Maske stellte also das Symbol dar, nach dem Nicolas spontan gegriffen hatte, um mir zu verstehen zu geben, daß er schweigen mußte, obwohl es ihm sehr zuwider gewesen war.

Diese beiden klinischen Fälle bezeugen auf ihre je eigene Weise, was für reiche Kommunikationsmöglichkeiten das Spielen und das Zeichnen (oder Modellieren) für das Kind darstellen, und welche kreativen Möglichkeiten Kindern damit offenstehen. Zudem sind das kostbare Schlüssel, die es uns Therapeuten erlauben, Kindern in Schwierigkeiten zu helfen. Diese Ausdrucksformen entstammen einer Phantasiewelt und sind Ausdruck ihrer befreienden Kraft, und es ist Aufgabe der Eltern, sie zu fördern.

Bei näherem Zusehen entdeckt man, daß diese Fähigkeiten bereits ganz zu Beginn des Lebens grundgelegt werden, und zwar in einem Prozeß, der seinen Anfang bei dem Band nimmt, das den Säugling von seiner Geburt an mit seiner Mutter verbindet.

Wie dieses Wechselspiel grundgelegt wird, läßt sich in groben Zügen folgendermaßen mit den Worten von Joyce Mac Dougall beschreiben: „Für den Säugling sind seine Mutter und er noch eine Einheit. Genau wie er ohne sie physisch nicht überleben kann, kann er auch psychisch nur über sie zu existieren anfangen ... Das Kind ist nur das, was es für seine Mutter darstellt ... Alle seine Anlagen können sich ohne sie weder entfalten noch organisieren."[11]

Es hängt also in hohem Maß von der Mutter ab, wie das Kind darin eingeführt wird, sich zu freuen, etwas zu teilen, und später dann auch, in gesundem Maß auf etwas verzichten zu können. Während der ersten Monate im Leben ihres Kindes muß die Mutter alle Bedürfnisse ihres Kindes befriedigen. Aber dann kommt die Zeit, wo es sowohl für sie wie für das Kind normal und notwendig wird, daß sie nicht mehr jederzeit für die Erfüllung aller Wünsche des Kindes zur Verfügung steht. Dann versucht das Kleinkind in sich selbst das zu finden, was es bereits mit Hilfe seiner Mutter erfahren hat.

So entsteht beim Kleinkind im Raum der Spannung zwischen dem Bedürfnis, das es äußert, und seiner nicht unmittelbaren Befriedigung die Fähigkeit, Phantasievorstellungen zu entwickeln. Als Prototyp dieser Bedürfnisse läßt sich der Hunger betrachten. Wird dieser nicht unverzüglich befriedigt, so findet der Säugling als Mittel, seine Frustration zu besänftigen, die Möglichkeit, sich in der Phantasie die Brust seiner Mutter vor-

---

[11] Joyce Mac Dougall, *Plaidoyer pour une certaine anormalité*, Paris 1978, 64 f.

zustellen oder seine Trinkflasche, die es schon als befriedigend erfahren hat. Es kann also seine Wut, mit der es seine Enttäuschung äußert, dadurch besänftigen, daß es sich ein inneres Bild des Erwünschten erschafft und einigen Trost daraus erfährt, daß es sich dieses vor Augen hält. Wenn es seine Mutter dann allerdings zu lange nicht nährt und sich aus diesem Produkt seiner Phantasie doch keine körperliche Befriedigung ergibt, kommt seine Wut wieder hoch.

Es leuchtet ein, daß ein Kind, dessen Bedürfnisse alle immer zu schnell erfüllt werden, keine Phantasie-Lösungen entwickeln kann, um einen Verzug zu bewältigen und seine Ungeduld zu besänftigen. Gibt man einem Kind allzu schnell alles, was es braucht, so verhindert man, daß es seine eigenen Fähigkeiten erkundet und entfaltet. Erfährt das Kind dagegen immer wieder einmal in unterschiedlichen Situationen einen *begrenzten Mangel*, so wird dadurch seine Sehnsucht aktiviert, und es beginnt sich seine Phantasie zu regen. So ist nur zu wünschen, daß man ihm die notwendige Zeit und den Raum läßt, um seine Fähigkeit zum Phantasieren zu entfalten.

Bringt man dem Kind in zunehmendem Maß die Fähigkeit bei, eine gewisse Frustration zu ertragen, so wird es dadurch in die Lage versetzt, nach und nach die spezifische Fähigkeit zu entwickeln, in seiner Innenwelt Bilder zu erschaffen. Das ist eine für seine Zukunft dringend notwendige Strategie, um Frustrationen sinnvoll kompensieren zu können.

Diese Augenblicke der Frustration verursachen unvermeidlich eine gewisse Spannung. Beide Beteiligte, das Kind und der Erwachsene, der mit ihm umgeht, müssen diese Spannung ohne allzuviel Angst aushalten können. Es liegt an jedem von uns, in all den Jahren der Erziehung des Kindes, die noch kommen, immer das gesunde Maß zwischen zu wenig und zu viel Frustration zu finden. Ob sich das Phantasievermögen des künftigen Individuums richtig entfalten kann, liegt zum Teil daran, wie weit man hier ein gesundes Gleichgewicht findet.

Das Träumen als Therapie

Freud erinnert daran, daß „das Denken ein Instrument ist, welches uns gestattet, die vielfältigsten Möglichkeiten zu erkunden, ohne sich den Risiken auszusetzen, die mit einem tatsächlichen Versuch verbunden wären". Er hebt vor allem hervor, daß das Phantasievermögen ein ökonomisch hilfreiches „natürliches Reservat" darstelle: Wenn auf allen anderen Gebieten alles der Notwendigkeit zum Opfer gebracht worden ist, darf hier immer noch „alles zwanglos blühen, auch das ganz Nutzlose und Gefährliche".[12] Es handelt sich hier um eine der Grundfunktionen der Fähigkeit zum Träumen, die zum eisernen Bestand der Ausstattung des Menschenwesens gehört.

Der Mensch hat in sich zahlreiche Neigungen, und viele davon lassen sich realistischerweise nie verwirklichen. Für viele Wunschvorstellungen gibt es jedoch die Möglichkeit, daß sie sich ungehemmt in der Phantasiewelt entfalten können, und dadurch mildern sie für den Betreffenden die Frustration, die ihm die äußere Wirklichkeit mit ihren Begrenzungen zumutet. Das französi-

---

[12] S. Freud in seiner *Einführung in die Psychoanalyse*

sche Wort für „Träumerei", „rêverie", stammt von der Wurzel *esvo*, die „Vagabund" bedeutet; von da her wäre das Träumen ein „Vagabundieren des Geistes". Das Träumen spielt die Rolle eines Überdruckventils, das betätigt wird, wenn man auf dem Gebiet seiner mitmenschlichen Beziehungen infolge von Frustrationen unter dem Druck allzu großer Ängsten steht. In jeder Konfliktsituation hat man also die Möglichkeit, sich in diesem psychischen Freiraum Ausdruck zu verschaffen und Entlastung zu finden, denn hier kann man risikolos jede Möglichkeit durchspielen. Zahlreiche Konflikte werden auf diese Weise gelöst.

Unser Phantasievermögen gibt uns also die Möglichkeit, die ganze Bandbreite denkbarer Lösungen durchzuspielen. Es versetzt den einzelnen in die Lage, sich quer durch Zeit und Raum zu bewegen. René Char hat zu Recht geschrieben: „Das Phantasierte ist bereits die Wirklichkeit ... schon ehe sie eintritt." Tatsächlich ist diese Welt der Phantasie keine falsche Welt, sondern ganz im Gegenteil: Sie mißt die Entfernung ab *„zwischen dem, was ich sein möchte* und dem, *was ich bin"*.

In diesem Sinn ist das Phantasievermögen Teil der Ökonomie des Lebens. Es ermöglicht dem Menschen, Energie zu sparen und trotzdem verschiedene Szenarien durchzuspielen, die sich ihm in Form von Phantasien anbieten. Dabei läßt sich für das Leben ein Sinn entwickeln, und man kann Lösungen für anstehende Schwierigkeiten finden. Hier baut sich nach und nach unsere innere Sicherheit auf, die unerläßlich ist, damit wir mit Überzeugung nach außen in Aktion treten können.

Dem Kind bleibt der Zugang zum rationalen Denken lange verschlossen; nur ganz allmählich tastet es sich dazu vor. Mit Hilfe seiner Phantasie und seiner Träume kann es die Ängste überwinden, die es verschwommen und zuweilen sogar sehr lebhaft empfindet. Um sie zum Ausdruck zu bringen, verfügt es über keine anderen Mittel als über die Praxis des Spielens und über Ableitungen davon wie etwa das Zeichnen. Das sind für das Kind regelrechte Formen der Sprache.

Das Spielen ernst nehmen

Jeder hat schon beobachten können, in welch hohem Maß für Kinder Phantasiespiele zur Quelle immer neuer Einfälle und zur höchst intensiven Beschäftigung werden können. Sie widmen sich mit ungeheurer Konzentration der Aufgabe, einen Spielzeugzug geschickt zwischen Sessel und Sofa durchzumanövrieren, und wenn sie ihren Bären oder ihre Puppe spazierenführen, tun sie das sehr ernsthaft. Wer erinnert sich nicht an lange Nachmittage, die er ganz mit Spielen verbracht hat, und an das Drama, das sich abspielte, als die Eltern in diese wunderbare Welt einbrachen, um einen wieder in die Alltagswirklichkeit zurückzurufen ...

Hier fällt mir die Geschichte eines siebenjährigen Mädchens ein, das in seinem Zimmer mit einer Freundin spielte. Beide waren gerade in ein derart intensives Gespräch vertieft, daß sie gar nicht das Kommen ihrer Mutter bemerkt hatten, die sie beide zum Gymnastikkurs fahren sollte. Doch obwohl es an der Zeit war, durften sie ungestört weiterspielen, denn die Mutter wollte diese Beschäftigung, die den beiden Mädchen so wichtig war, nicht jäh abbrechen. Sie wartete ab, bis ihr Spiel an Intensität nachließ, und erst dann trat sie in diese erfüllte Zeit der beiden ein. Die kleine Freundin war ungemein beeindruckt davon, daß die Mutter so viel Feingefühl für sie aufbrachte; zu so etwas sei ihre eigene Mutter „völlig unfähig", fügte sie mit Nachdruck hinzu.

Dieses Feingefühl ist für die gesunde Beziehung von Eltern und Kind ungemein wichtig; darin kann das Kind erkennen, daß der Erwachsene es respektiert und ihm zugetan ist. Andererseits muß man zugeben, daß oft eine nur notdürftig kaschierte Aggression mitspielt – die das Kind auch spürt –, wenn Eltern es rücksichtslos mitten aus seinem intensiven Spielen herausreißen. Respektiert man dagegen das Spielen, so anerkennt man, wie wichtig das ist, was die Kinder darin an Wesentlichem von sich selbst zum Ausdruck bringen, und man kann ihnen nachfühlen, wie sie es empfinden, wenn man rücksichtslos mitten hineinplatzt.

Die Bedeutung des Spielens und der Phantasievorstellungen

Das Spielen ist eine ganzheitliche Tätigkeit, die dem Kind ein aktives *Handeln* ermöglicht und ihm zugleich die Möglichkeit gibt, neue Begriffe *experimentell zu erfahren*. Auf diese Weise kann es sich immer weiter hinaus wagen und seine natürliche Neugier befriedigen.

Noch wichtiger aber ist, daß es ihm die Gelegenheit gibt, *auf narzißtische Weise seine Situation der Unterlegenheit zu kompensieren*, denn das Kind ist dem Erwachsenen ausgeliefert und muß sich ständig auf ihn einstellen. Zudem *imitieren* Kinder im Spiel das, „was die großen Leute machen", und sie *nehmen eigene Erwachsenen-Rollen vorweg*: „Du wärst jetzt der Papa und ich die Mama, oder nein, ich wäre jetzt die Lehrerin …" Das sind also Streifzüge in die eigene Zukunft, mit deren Hilfe die Kinder besser ihre Beziehungen zu den Erwachsenen klären können. Hinzu kommt die Möglichkeit, *in die Rolle allmächtiger Wesen zu schlüpfen*, etwa in die der Fee oder des Löwen. Von daher stammt die Faszination, die Kasten und Koffer mit alten Kleidern auf Kinder ausüben: Damit kann man sich verkleiden und ganz verrückt ausstaffieren, und so hat man die Möglichkeit, eine unbegrenzte Zahl von Rollen auszuprobieren. Das Kind kann beiseitelegen, was ihm nicht entspricht und das behalten, was ihm gefällt. So findet es kreativ seine eigene künftige Gestalt. In diesem Raum, in dem es sich als frei erlebt, eigenen Gedanken nachzuhängen, entfaltet sich auch seine Fähigkeit, Illusionen zu entwickeln.

Allzuoft betrachtet man die Phantasie als unnütze Ablenkung, die nur jene ernsthaften Tätigkeiten beeinträchtigt, mit deren Hilfe sich das Individuum in die Außenwelt einfügt. Die Verknüpfung von Phantasie und Spiel erlaubt es jedoch dem Kind, in seiner Psyche zu einer Synthese zu finden, was alles andere als eine unbedeutende Tätigkeit ist. Denn das Gegenteil des Spiels ist nicht das Ernsthafte, sondern die Wirklichkeit.

Tatsächlich schafft es das Kind mittels seines spielerischen Verhaltens, das die Entwicklung phantasievoller Tätigkeiten fördert, mit sich selbst und seiner nächsten Umgebung klar zu kommen. Das Spiel vermittelt zwischen der subjektiven Welt des Kindes und der objektiven Außenwirklichkeit. Es hilft dem Kind, sich auf unsere „rauhe Wirklichkeit" einzustellen. Indem es spielt, konstruiert das Kind sich selbst. Es nimmt spielerisch immer neue Rollen an, die ihm einen zunehmend komplexeren Austausch mit anderen Menschen und seiner Umgebung erlauben.

Indem das Kind spielerisch aktiv ist, erkundet es seine in ihm steckenden Möglichkeiten, wodurch es sich selbst entdeckt und ein bestimmtes Maß an Selbstvertrauen gewinnt.

Das Phantasieren dient dazu, eine Sehnsucht zu formulieren. Das Spiel schafft die Möglichkeit, bereits Erfahrenes noch einmal durchzuspielen und noch einmal als Traum zu erleben; Erfahrenes kann noch einmal abgerufen werden, ohne daß es jedes Mal wieder die gleiche Bestürzung hervorrufen muß. Zudem gestattet das Spielen dem Kind, im Probelauf die Spielregeln der Welt durchzuspielen, um sie sich anzueignen, und seine Fähigkeit, mit seiner Umgebung umzugehen, zu erweitern und zu verstärken. Beim Spielen entdeckt es seine unbewußten Wünsche und bringt diese zum Ausdruck, und gleichzeitig befreit es sich auch von verschiedenen Frustrationen, die es erlitten hat. Es bewältigt sie dadurch, daß es bestimmte Erlebnisse alternativ durchspielt, mit anderen und fiktiven Möglichkeiten, die ganz verschiedene Szenarien erlauben und Ausdruck seines unbewußt Erlebten sind. Genau das macht zum Beispiel ein kleines Mädchen, das seine Puppe streng tadelt und ihr genaue Verhaltensanweisungen gibt: Es verarbeitet damit einen Tadel, den es selbst hat einstecken müssen.

Beim Spielen werden Gegenstände und Phänomene verwendet, die Teil der Außenwirklichkeit sind, und das Kind nimmt diese in den Dienst dessen, was es in seiner inneren Wirklichkeit entdeckt hat. Wenn das Spiel „geheime" Dinge mit einbezieht, verstärkt das die Fähigkeit zum Phantasieren, aus der sich dann das Vermögen, unabhängig denken zu können, entwickelt: „Das, was man als *Erschaffung von Phantasiebildern* bezeichnet, setzt schon beim Spielen der Kinder ein; wenn sich das in Form von Tagträumen fortsetzt, löst es sich von den realen Gegenständen ab", hat Freud geschrieben.[13]

Das Märchen

Dieser Innenraum ist es auch, wo sich die Fähigkeit des Kindes, Illusionen zu entwickeln, entfaltet. Solche Illusionen werden unter anderem von den Märchen voller wundersamer Ereignisse genährt, die die Erwachsenen erzählen. Das Märchen bietet jedem Kind die Möglichkeit, darin seine eigenen Phantasievorstellungen wiederzuerkennen, ohne sich schuldig fühlen zu müssen; es wird vielmehr ermutigt, sie seinerseits aufzugreifen und weiterzuspinnen. So wundert es nicht, daß ein Kind ein und dasselbe Märchen immer wieder hören will und daran immer wieder seine helle Freude haben kann. Das Märchen nährt nämlich das Phantasievermögen des Kindes, für das alles im Werden ist. Mittels dessen, was im Märchen alles passiert, wird dem Kind „symbolisch vor Augen geführt, welche Art Kämpfe es bestehen muß, um zu sich selbst zu finden, und ihm wird dabei immer versprochen, daß am Ende alles gut ausgehen wird". In dieser Hinsicht bietet das Märchen dem Kind

---

[13] Sigmund Freud in *Ergebnisse, Ideen, Probleme*

eine Art Leitfaden, der in einer Sprache verfaßt ist, den sein Bewußtes und Unbewußtes leicht fassen können, und so wird dadurch die Entfaltung seiner Persönlichkeit gefördert.

Es gibt kaum Bücher, die Wertvolleres für die Bereicherung des Kindes leisten könnten als solche Märchen, und am wenigsten taugen dazu die Bücher, die sich damit begnügen, nur Alltagsrealitäten wiederzugeben. Die meisten heutigen Bücher bleiben zu nahe an der realen Welt und helfen dem Kind kaum, sich mit seinen inneren Konflikten auseinanderzusetzen und mit seinen gelegentlich aggressiven Gefühlen klarzukommen.

Das Kind wird oft von Angst befallen. Dabei handelt es sich vor allem um Ängste, verlassen zu werden und um Gefühle, die es mit Worten nicht auszudrücken vermag. So kleidet es sie in verfremdete Gestalten, die die Erwachsenen nur mit Mühe verstehen. Leider verlegen sie sich dann darauf, sie zu verharmlosen. Anders sind die Märchen: Sie nehmen alle diese Ängste ganz ernst, ohne sie rational wegzuerklären, wobei das nicht unbedingt jedem, der die Geschichte hört, zugänglich sein muß.

Viele Eltern befürchten, die in den Märchen enthaltenen Phantasiegeschichten würden dem gutgläubigen Kind lediglich die Realitäten des Lebens vorenthalten. Doch das Kind lernt im Gegenteil sehr wohl nach und nach, das Reale vom Phantasierten zu unterscheiden. Wenn es im Märchen Situationen begegnet, die seinen eigenen Schwierigkeiten und tiefsten Gefühlen entsprechen und es sich also darin wiedererkennt, fühlt es sich verstanden und empfindet echten Trost.

So war es bei dem dreijährigen Jungen, der seinen Lieblings-Teddybär bei seiner Großmutter vergessen hatte.

Er konnte ohne ihn einfach nicht einschlafen, und er weinte derart deswegen, daß seine Mutter schließlich bei der Großmutter anrief, sie müsse unbedingt noch das Stofftier vorbeibringen. Die Großmutter kam, setzte den Bär vor die Tür des Kinderzimmers und begab sich außer Sichtweise des kleinen Jungen. Als dieser herauskam, sah er überrascht seinen Teddybär mutterseelenallein auf der Türschwelle sitzen. Da stand die Großmutter auf und erzählte ihm die folgende Geschichte: „Als es Nacht wurde, merkte dein Teddy, daß du nicht mehr da warst. Darüber war er ganz traurig. Er wollte unbedingt, daß ich ihn zu dir herbringe. Er hat sich selbst ans Steuer gesetzt und ist den ganzen Weg bis hierher gefahren. Er hat mich nicht einmal nach dem Weg gefragt, denn er hat ihn ganz genau gewußt! Er hat auch selbst im Aufzug auf den Knopf zum Herauffahren gedrückt. Und jetzt ist er da und freut sich, daß er wieder bei dir ist."

Diese Großmutter hat ein tiefes Einfühlungsvermögen verraten, als sie spontan für das Kind ein altersgemäßes, wunderbares Märchen erfunden hat. Sie verschaffte dadurch dem kleinen Jungen die Möglichkeit, sich mit seinem Teddybär zu identifizieren. Außerdem ersparte sie ihm die Peinlichkeit, so von seinem Kuscheltier abhängig zu sein und der Großmutter noch mitten in der Nacht soviel Umstände zu machen. Statt dem Kind den Nachgeschmack des schlimmen Verlusts und das Gefühl zu lassen, ein unnötiges Drama veranstaltet zu haben, hatte die Großmutter es verstanden, ihm ein herzerfrischendes Erlebnis zu bereiten, an das sich auch die Mutter, wie sie mir erzählte, immer noch gern erinnert.

Die Eltern sollten nicht zögern, selbst Geschichten

zu erfinden, ganz eigene Geschichten, die dem Kind seine Ängste nehmen und, was noch dazukommt, sein Phantasievermögen fördern. Außerdem ist das eine von vielen Möglichkeiten, sich mit Mißgeschicken auseinanderzusetzen und sie zu entschärfen.

Das Märchen bringt Fragen zur Sprache, die das Kind sich stellt. Wenn es sich mit Märchenfiguren identifiziert, findet es Antworten auf sozusagen universelle Ängste. Anhand der Geschichte vom goldenen Ring zum Beispiel entdeckt es, wie jedes seinen festen Platz in der Familie hat, und es spürt, daß es keinen anderen einnehmen muß als den, auf dem es steht.

Außerdem kann es bestimmte Grundwerte erlernen. Die drei kleinen Schweinchen in der Originalfassung des Märchens etwa sind ein Beispiel dafür, daß man sich anstrengen und hartnäckig bleiben muß ... und das Rotkäppchen wird zu Recht vom Wolf gefressen, denn es hat nicht gehorcht, sondern ist trödelnd vom Weg abgewichen und wird deshalb dafür bestraft.

Wenn sich das Kind in andere Rollen versetzt als die seines eigenen realen Ich, das unvermeidlich immer Grenzen hat, kann es sich vom Gewicht der Realität befreien und für seine Ängste und Gefühle, mit denen es sich auseinandersetzen muß, Auswege finden. So wird es zum Beispiel immer wieder auch die Rolle der unsympathischen Gestalt in einem Märchen wählen, weil damit die Macht verbunden ist, anderen Angst zu machen, was das Zeichen eines gewissen psychisch-affektiven Gleichgewichts ist. Je schrecklicher die Geschichte ist, desto mehr gefällt sie dem Kind. Es will dann vielleicht eine Neufassung der Geschichte hören, in der niemand ungeschoren davonkommt, oder es vergnügt sich an den Eskapaden des Kaspers im Theater.

Indem das Kind immer wieder mit der gleichen Geschichte spielt und die schlimmen, angstmachenden Szenen, die darin vorkommen, übersteigert, beschwört es seine eigenen Ängste und lernt, mit ihnen fertig zu werden.

Von da her gesehen ist die gegenwärtige Tendenz in den USA, mit der fanatisch auf allen Gebieten *political correctness* gefordert wird, höchst beunruhigend, denn sie macht nicht einmal vor den Märchen halt. So sind zum Beispiel Neufassungen der traditionellen Märchen erschienen, aus denen alle Gewaltszenen systematisch ausgemerzt sind. Die Vertreter dieser Bewegung glauben zweifellos, wenn sie diese Geschichten abmilderten, würden sie die Neigung zur Gewaltanwendung ausrotten. Doch dabei vergessen sie, daß in jedem Menschen die Anlage zur Gewalttätigkeit steckt, und daß diese noch lange nicht ausgerottet ist, wenn man sie aus den Märchen ausmerzt, im Gegenteil. Denn was wird aus der Gewalt, wenn sie in den Märchen kein Ventil mehr findet?

Das Gewaltpotential kanalisieren

In der Absicht, die Kinder um jeden Preis zu schützen, nimmt man ihnen die Möglichkeit, real vorhandene Instinkte in ihrer Phantasie zum Ausdruck zu bringen. Können diese jedoch nicht auf dem Weg über Phantasien geäußert werden, so besteht die Gefahr, daß sie sich unkontrolliert ihren Weg in der äußeren Wirklichkeit suchen, was ja tatsächlich die neue Landplage der USA ist.

Ich muß da an einen achtjährigen Jungen denken, der die üble Neigung hatte, alles, was ihm in die Finger kam, kaputtzumachen. Im Lauf meiner Arbeit mit ihm erfuhr ich, daß er einen Freund besucht und von ihm eine „Zorro"-Kassette hatte mitnehmen wollen, die ihm der Freund auch bereitwillig ausgeliehen hätte. Doch als ihn sein Vater dort abgeholt hatte, hatte er ihm verboten, die Kassette mitzunehmen, mit der Begründung, darauf sei „viel zu viel gewalttätiges Zeug". Es stellte sich heraus, daß dieses Kind auch sonst von seiten seiner Eltern derart viel unbewußte Unterdrückung erfuhr, daß es keinen anderen Ausweg mehr wußte, als regelmäßig einen Aufstand zu inszenieren und alles kurz und klein zu schlagen.

Hier geht es nicht darum, zur Darstellung von Gewalt zu ermutigen, wie es gewissenlos zahlreiche Filmproduzenten tun, die einander darin überbieten, immer ausgefallenere Szenen der Gewalt und Grausamkeit zu zeigen. Es geht vielmehr darum, mittels einer angemessenen erfundenen Geschichte dem Kind die Möglichkeit zu bieten, sich von den aggressiven Phantasien zu lösen, die in jedem Menschenwesen stecken und zudem ja eine der Bedingungen für sein Überleben sind. Wenn man leugnet, daß im Leben eines jeden Menschen eine Portion Aggression steckt, fördert das paradoxerweise, aber mit Sicherheit langfristig die Gewalttätigkeit.

Dank seines spielerischen Phantasievermögens öffnet sich das Kind unaufhörlich für eine große Vielfalt möglicher Verknüpfungen. Das erlaubt es ihm, die engen Grenzen dessen, was es faktisch ist, zu überschreiten, um in der Phantasie ein anderes Wesen zu werden. Dadurch schafft es seine ganz eigenen Abwehrmechanismen. Gestärkt vom Bewußtsein dieser seiner neuen

Möglichkeiten, kann es dann furchtlos dem Erwachsenen widerstehen und ihm ein schreckliches: „Ich bin die Hexe!" oder: „Paß auf, ich bin Zorro!" entgegenschleudern. So läßt sich leicht sehen, wie das Spiel und die Phantasie entscheidend dazu beitragen, daß das Kind sich wesentliche konstruktive Fertigkeiten erwirbt.

Die vorrangige Aufgabe der Eltern besteht folglich darin, die emotionalen Anlagen ihres Kindes freizulegen und weiterentwickeln zu helfen, die sich im Spiel, bei dem es seine Aggressionen sublimiert, so eindrucksvoll äußern. Wenn die Eltern die Gefühle des Kindes wahrnehmen und sie mit ihm teilen, entwickelt es die Fähigkeit, die nahezu unbegrenzte Bandbreite dieser Gefühle zu entdecken und mitzuteilen. Dadurch aber – und nur dadurch – kann man ihm den Weg zur Erkenntnis seiner selbst und des andern, der die Außenwelt repräsentiert, ebnen.

Gefühle teilen

Aus dem bislang Gesagten dürfte klar geworden sein, wie folgenreich es für das Kind ist, ob es diese Fähigkeiten erwirbt oder nicht. Erwirbt es sie, so kann sich beim ihm die ganze zur Verfügung stehende Bandbreite von Kommunikationsmöglichkeiten gesund entwickeln: das Sehen und der Tastsinn, der Geschmackssinn und das Gehör, das heißt alle Sinnesempfindungen, die den Körper ausmachen. Alle diese Wahrnehmungsformen werden dem Kind zunächst durch seine Mutter vermittelt; indem sie sie benennt, erschließt sie dem Kind die Sprache und gibt ihm damit das Mittel in die Hand, sein

Denken zu organisieren und zu lernen, sich mit Symbolen vertraut zu machen.

Das Spiel bleibt unbestreitbar die bevorzugte Form, die ersten Schritte zur Kommunikation anzuregen, und es begünstig ganz natürlich die Begegnung von Erwachsenem und Kind. Auf dem Weg des Spielens führt der Erwachsene das Kind spontan darin ein, daß seine Sinne erwachen und es Impressionen entziffern lernt, und damit erschließt er ihm unbegrenzte Ausdrucksmöglichkeiten, die es benützen und ganz persönlich anreichern wird, und zwar in dem Maß, in dem *das Spiel den Traum inspiriert und der Traum das Spiel inspiriert.*

So habe ich zum Beispiel einmal in einem Park die Zwiesprache einer Mutter mit ihrem ungefähr fünfjährigen Sohn beobachtet. Sie bestaunten einen riesigen Gingkobaum, dessen fächerförmige herbstliche Blätter gerade eine braungoldene Farbe annahmen. Die Mama erzählte ihrem Kind, man sage von diesem Baum, er sei der stärkste Baum der Welt, und wer ihn mit seinen Armen umfasse, der könne sich von dieser Stärke anstecken lassen ... Daraufhin rannte der kleine Junge mit strahlenden Augen sofort los, um auszuprobieren, wie sich das anfühle, und umfing mit seinen Ärmchen den Stamm, den er natürlich bei weitem nicht umfassen konnte. Er war von diesem Erlebnis ganz beglückt und sagte zu seiner Mutter, sie solle es aber ja niemand weitersagen. Dann nahm er ein Stück Rinde des Baums mit und las dazu noch begeistert und sorgfältig eine Anzahl Blätter des Baumes auf. Nur ein magischer Baum konnte goldene Blätter hervorbringen! Er war davon so überzeugt, daß er seine kostbaren Reliquien in der Seitentasche seines Rucksäckchens verstaute, zweifellos, um von ihnen besten Gebrauch zu machen.

Das echte Lernen spielt sich in dieser fortschreitenden Begegnung des Kindes mit der Vielfalt von Empfindungen ab, die es zum ersten Mal zum Ausdruck bringen kann, ohne sich dabei allzusehr von seiner Familie absetzen zu müssen. Jedem Kind ist ein angeborener Sinn für das Wunderbare eigen, und von jung an ist es darauf aus, sich an Spielen zu beteiligen, bei denen die Phantasie eine große Rolle spielt und es die Freiheit hat, bestimmte Situationen frei zu erfinden. „Jetzt spielen wir, wir wären eine Familie von Hexen, und ich wäre jetzt die Hexenmutter und du wärst der Hexenvater..." Hinzu kommt, daß vom gelungenen spielerischen Hin und Her zwischen Eltern und Kind abhängt, ob das Kind sich später leicht tut, mit anderen Menschen umzugehen und mit ihnen zusammen zu spielen und sich zu beschäftigen. Man könnte geradezu sagen, mit dem Spielen in der Familie erwerbe sich das Kind sein „Diplom" für sein späteres soziales Leben.

Schon die Tatsache, daß sich ein Kind mit so viel Hingabe dem Spielen widmet, zeigt, in welch hohem Maß diese Tätigkeit konstruktiv ist: Sie legt die Grundlagen für seine weitere Entwicklung. In diesem Sinn ist Spielen niemals umsonst, weil jedes Spiel für das Kind eine Fülle von verborgenen und uns oft unbekannten Symbolen birgt. Das Spielen ist also an sich schon eine ganz eigene Ausdrucksform, und zugleich eine Form der Projektion aller Empfindungen, die das Kind hat. Es verfügt über ein grenzenloses Potential an Kreativität und ist imstande, die unscheinbarsten Gegenstände herzunehmen, sie zu transzendieren und sie mit Sinn zu füllen. In einem Teller voll Kartoffelbrei kann es eine verschneite Landschaft sehen, in einem Stück Broccoli einen Baum, in einer Schüssel Nudeln einen Weltkongreß von Würmern ...

Oder welcher Gegenstand könnte seinen zerbeulten Teddy ersetzen oder sein Tuch, dessen Farbe nicht mehr genau zu erkennen ist – diese Gefährten, die es überallhin mitschleppt und deren Abnutzungserscheinungen ihm gar nichts ausmachen, denn was einzig zählt, ist ihr affektiver Wert, mit dem es sie besetzt hat. Solche „Überleitungsgegenstände" schenken den Kind die Sicherheit, daß es ständig in Verbindung mit seiner Mutter bleibt; sie sind symbolisch ein Stück seiner Mutter.

Daher ist es unbedingt notwendig, daß die Kinder möglichst einfache Spielsachen und Gegenstände zur Verfügung haben. Diese müssen sich dafür eignen, daß die Kinder auf sie ihre Phantasien projizieren können. Zudem müssen die Eltern innerlich so frei sein, daß sie ein Klima schaffen können, in dem das Kind sich zu allem Neuen, für das es sich interessiert, ermutigt fühlt. Dann kann es sich mit Erfolg darum bemühen, seine Kreativität umzusetzen oder Schwierigkeiten, auf die es stößt, zu bewältigen.

Manche Eltern sind der Ansicht, Phantasie- oder Geschicklichkeitsspiele hätten nichts mit dem wirklichen Leben zu tun, und deshalb sollten sie sie lieber einschränken. Das ist falsch. Solche Spiele verschaffen dem Kind im Gegenteil die Möglichkeit des stufenweisen Sich-Herantastens an das wirkliche Leben, denn es kann dadurch in zunehmendem Maß seine Phantasievorstellungen mit einer Wirklichkeit vergleichen, die sich ihm nach und nach aufdrängt und die es sich zu eigen macht, indem es ihr sein ganz persönliches Gepräge gibt.

Von daher ist zu sagen, daß Lernspiele – oder besser sollte man sie als „pädagogische" Spiele bezeichnen, denn Spielen hat grundsätzlich immer etwas mit Lernen zu tun – die Gefahr mit sich bringen, die Neugier der Kinder zu blockieren; außerdem hindern sie die Kinder daran, sich spontan selbst die Umstände und Mittel zu verschaffen, mit denen sie sich ihre eigene Vorstellung von der Wirklichkeit erwerben wollen.

Spielsachen

Dasselbe gilt für heutige Spielsachen. Meistens handelt es sich dabei um vorfabrizierte, fertige Gegenstände, die die kreativen Fähigkeiten des Kindes lahmlegen. Heutzutage sprechen die Puppen – und mit was für gespenstischen Stimmen! –, als wären sie lebende Wesen. In Wirklichkeit sollte jedoch die Phantasie des Kindes die Puppe mit Leben erfüllen. Eine Puppe, die spricht, beschränkt das Kind auf das, worauf die Puppe zu sprechen programmiert ist, und das ist jämmerlich wenig!

In Wirklichkeit genügt ganz bescheidenes Material, um eine Puppe herzustellen: ein Stück Stoff, ein Faden und eine Nadel. Aber leider nimmt sich kein Mensch mehr die Zeit, eine solche Puppe anzufertigen. Es ist ja viel einfacher, in ein großes Geschäft zu gehen und sich eine „Sandra" oder „Sophie" herauszusuchen, die perfekt gekleidet ist und obendrein sogar noch sprechen kann. Aber trotz allem schlagen auch heute noch die Herzen der Kinder eher für die „Phantasiepuppen" als für die „Schaupuppen". Denn nur mit Phantasiepuppen „kann man auf die Art Theater und Liebe spielen, wie es die Kunst der Kinder vermag", hat mutig ein Expertin für Puppenherstellung geschrieben.[14] Allerdings ist es sehr schwer, der vielfältigen und massiven Propaganda zu widerstehen, die unsere Kinder zu den jüngsten Konsumenten jener *Spielgeräte* erzieht, die, sobald man sie hat, jegliche Freude ertöten.

Bekanntlich wird die Befriedigung vervielfacht, wenn man einige Anstrengung und Geduld aufbringen muß. Je mehr Zeit man gebraucht hat, bis ein selbstgebastelter Gegenstand allmählich Gestalt annahm, desto größer ist auch die Freude daran. Aber im Zeitalter der Beschleunigung auf allen Gebieten ist die Zeit die größte Mangelware geworden, und so wird sie nicht mehr für derlei Dinge verwendet. „Alles, was leicht fällt, befriedigt ein Bedürfnis, aber nicht die Sehnsucht", schreibt Françoise Dolto. So kommt es, daß die meisten Kinder kaum ihre Geschenke ausgepackt haben, und schon verlieren sie das Interesse daran und wollen wieder etwas Neues haben. Seither gibt es für die unersättlichen Bedürfnisse der Kinder keine Grenzen mehr, außer den finanziellen. Und je mehr etwas kostet, desto dürftiger ist es in der Regel, was seinen affektiven und symbolischen Gehalt angeht. So braucht man sich nicht zu wundern, daß Eltern und Kinder ganz hilflos dastehen, wenn ihnen das Geld ausgegangen ist und sie keine Möglichkeiten mehr sehen, Bedürfnisse zu befriedigen, die ihnen ständig von einer aufdringlichen Werbung eingehämmert werden.

Dazu kommt noch, daß die Kinder heute sehr oft „Monster"-Spielsachen bekommen. Wenn sie diesen allein ausgeliefert werden, fühlen sie sich mit ihren Äng-

---

[14] Catherine Refabert, *Un amour de poupée*, Paris 1994

sten alleingelassen. Ein Roboter zum Beispiel ist ein fertiges Produkt, an dem das Kind kaum mehr etwas verändern und das es folglich nicht an seine individuelle Sensibilität anpassen kann. Es mag versuchen, ihn in den Griff zu bekommen, aber trotzdem wird es vielleicht nachts von Schreckvorstellungen, Ängsten und anderen Alpträumen heimgesucht. Damit verstärkt das Spielzeug nur noch das, was das Kind bereits anhand einer Vielzahl anderer Bilder an schrecklichen Dingen erlebt. Gelegentlich sind diese Bilder derart gewalttätig, daß sie in ihm Ängste auslösen, es könnte selbst auf gräßliche Weise zerstückelt werden.

Es ist kein Zufall, daß in einer derart materialistischen Gesellschaft wie der unsrigen in der kollektiven Phantasie plötzlich wieder eine Vorliebe für Engel, Feen und Hexen erwacht: Wo alles gnaden- und hemmungslos ans Licht der Öffentlichkeit gezerrt wird und die Menschen mit *reality shows* übersättigt sind, brauchen sie wieder Mysterien und unantastbare Illusionen.

Man kann ja nicht anders, als übersättigt und verdrossen zu werden, wenn alle Jahre wieder zu Weihnachten Berge von beliebig austauschbaren Spielsachen und Serienprodukten aller Art hin- und hergeschenkt werden. Zum Glück kann man in letzter Zeit beobachten, daß manche wieder bewußt traditionelles Spielzeug aus natürlichem, schönem Material suchen, etwa Bausteine aus Holz oder „Phantasiepuppen". Ließe sich nicht auch an Spielzeug denken, das die Kinder selbst entwerfen und herstellen? Leider haben sich nur noch die Kinder in den sogenannten „Entwicklungsländern", denen es oft an restlos allem fehlt, die Fähigkeit bewahrt, aus einfachstem Material Spielzeug zu basteln, dessen Genialität man nur bewundern kann. Wir haben es verlernt, aus einfachem Material originelle Spielsachen herzustellen, wobei das Herstellen des Spielzeugs selbst schon spielerischen Charakter hätte. Dabei weiß man doch, mit wieviel affektivem Wert ein Gegenstand beladen ist, den jemand speziell für einen anderen Menschen als Geschenk hergestellt hat.

Ein junger Psychologe erzählte einmal mit Wehmut von den Sommerferien, die er früher in einer Berghütte verlebt habe, wo es weder Strom noch fließendes Wasser gab. Er hatte dort mit seinen Geschwistern Zeiten intensiven Spielens erlebt. Oft hatten ihnen zu ihrem Glück einige Kieferzapfen oder Baumrindenstücke genügt. Sie hatten die Kieferzapfen bearbeitet und daraus Menschen oder ganze Herden von Tieren gemacht, und in die Rinde hatten sie Formen geschnitzt, daraus eine Art Stempel verfertigt und dann damit Muster gedruckt. Diese Tage hatten sie ganz ohne äußere Zwänge gestalten können. Die einzige Grenze setzte ihnen die Nacht, für die dann ein großes Feuer angezündet wurde, um das die Familie lange beisammen saß. Die Vorstellung, den dortigen Wald und das Lagerfeuer in unsere Städte zu übertragen, ist absurd; so bleibt uns nur, darauf zu hoffen, daß wir auch unter den Umständen, unter denen wir heute leben, einen entsprechenden Erfindungsgeist entwickeln.

Auf unserem Weg bis dahin, wo wir heute mit unserem Komfort und unserer knappen Zeit stehen, haben wir allzuviel verloren, und vor allem das Wesentliche: die Zeit, die wir mit kreativen Beschäftigungen verbringen könnten. Diese Art Zeit haben wir geopfert und dafür eine Zeit eingehandelt, in der wir uns uniform mit künstlichen Dingen abgeben. Kinder jedoch brauchen Zeit für das kreative Spielen, um ihre natürliche Spontaneität entfalten zu können. Kinder sind auch tatsächlich noch fähig, ihre Zeit selbst zu gestalten, wenn man ihnen den Freiraum dafür gibt.

Die Degradierung des Spielens zur „Belohnung"

Weil Kinder auch unter schlimmen Umständen und Widrigkeiten spielen, und das sogar in dramatischen Verhältnissen wie etwa im Krieg, meinen wir zu Unrecht, sie seien sorglos. In Wirklichkeit verfügen sie nur noch nicht über die gleichen Ausdrucksmittel wie die Erwachsenen, und wenn sie auch unter schwierigen Umständen weiterspielen, dann deshalb, weil für sie das Spielen die einzige Möglichkeit darstellt, ihre Empfindungen und Gefühle zum Ausdruck zu bringen. Für sie wird das Spielen gleichbedeutend mit (Ver-)Arbeiten, und so haben sie recht damit, daß sie diese Tätigkeit als etwas Ernsthaftes betrachten. Für sie ist sie alles andere als nichtig und sinnlos. J.-L. Borges hat diesen Aspekt auf die Formel gebracht: „Arbeiten mit der Ernsthaftigkeit eines Kindes, das sich die Zeit vertreibt ..."

Aber leider muß das Kind ja nur allzu früh beweisen, daß es für die Schule tauglich ist. So wird es genötigt, möglichst früh auf das Spielen zu verzichten. Da heißt es dann: „Hör auf mit dem Herumträumen, phantasiere dir nicht so viel zusammen! Es ist Zeit, daß du allmählich etwas vernünftiger wirst!" Außerdem wird das Recht zum Spielen untrennbar mit dem Begriff der Belohnung verknüpft. Dafür bezeichnend ist der Spruch: „Du darfst erst spielen, wenn du deine Hausaufgaben gemacht (oder sonst irgendwelche sozialen Pflichten erledigt) hast." Dabei könnte man doch genauso gut sagen: „Spiele ruhig noch eine Viertelstunde, aber dann mach deine Hausaufgaben!"

Von da an wird die Zeit, die man ganz für sich hat, als strikt begrenzte Ausnahme von der Zeit erlebt, in der man *etwas Nützliches tut.* Das bedeutet einen schweren Eingriff in die Freiheit des Kindes, einen guten Teil seiner Zeit nach eigenem Gutdünken zu verwenden und überhaupt nicht an irgendeine Belohnung zu denken. Entsprechendes gilt auch für das spielerische Phantasieren. Auf diese Weise wird das Spielen zur bloßen *Belohnung degradiert,* wo es doch in Wirklichkeit eine *dringende Notwendigkeit* ist, ja meiner Überzeugung nach bereichernder und konstruktiver als die passive und systematische Vermittlung abstrakter Wissensinhalte, die eine uniforme Pflichtschule bietet. Oft muß die „Zeit zum Spielen" um den Preis erheblicher Konflikte in der Familie *erkauft* werden, und die Spannung ist dann so groß, daß die Umstände für eine fruchtbare Entspannung während des Spielens gar nicht mehr gegeben sind. In Wirklichkeit wäre es für die Eltern selbst ein großer Gewinn, wenn sie es fertigbringen würden, gelegentlich wieder selbst zu Kindern zu werden, um zusammen mit ihren Kindern die so verkannte Freude am Spielen wiederzufinden.

Man kann sich fragen, aus welchem Grund zahlreiche Eltern sich haben verleiten lassen, bedingungslos zu Mittätern eines Systems zu werden, das die Grundvoraussetzungen der Entwicklung des Kindes rundweg mißachtet und erklärt, wenn Kinder spielten und ihre Eltern dabei mitmachten, sei das etwas völlig Nebensächliches. Das geht so weit, daß immer öfter kleine Kinder zu mir in die Praxis gebracht werden, deren ratlose Eltern wissen wollen, warum ihr Kind immer so viel spielen will. „Wenn man ihn lassen würde, dann würde er die ganze Zeit bloß spielen. Etwas anderes hat er gar nicht im Kopf" ... Was anderes soll dieses Kind denn sonst im Kopf haben? Soll es sich vernünftige Arbeit oder ordentliche Zeichnungen ausdenken, sobald es einen Buntstift in die Hand nehmen kann, um sich ja möglichst früh für die Wettbewerbsgesellschaft zu ertüchtigen, die es erwartet? Dann beschreiben mir die Eltern lang und breit ihre mühsamen Konflikte, die inzwischen zu regelrechten Familienritualen ausgewachsen sind und ein Ausmaß angenommen haben, das verheerender gar nicht mehr sein könnte und allen am Lebensnerv zehrt. Dadurch wird die Welt der Familie zu einer Art „Hölle": Dieses Wort gebrauchen die Eltern oft, um die Atmosphäre zu beschreiben, die herrscht, wenn die Familie daheim zusammenkommt.

Man sollte unbedingt eine bestimmte Zeit vorsehen, in der man in der Familie miteinander spielt. Sie kann kurz sein, aber sie ist kostbar. Das hätte den Vorteil, auf alle beruhigend zu wirken, und dem Kind würde es helfen, sich im Rahmen der Familie bedingungslos angenommen zu spüren. Es müßte doch möglich sein, das Spielen als grundlegendes Prinzip der Pädagogik zu erkennen und zudem als Form, Erkenntnisse zu gewinnen und die Welt zu erkunden. Würde zudem die Schule das Bedürfnis der Kinder nach Spielen und psychomotorischen Anregungen stärker berücksichtigen, was ja heutzutage weithin grundsätzlich anerkannt ist, so würde sich das Kind zweifellos auch viel leichter den unvermeidlichen Zwängen des Schullebens unterwerfen.

Mehr als je zuvor müssen wir energisch dafür eintreten, daß es eine Zeit für das Faulenzen gibt, die allerdings nicht als „Belohnung" verstanden werden darf, als eine Art „Gegenleistung" für erbrachte Zeiten des Arbeitens. Nein, sie sollte frei von jeder gezielten Absicht bleiben, ein wiederentdeckter Raum der unverplanten Offenheit, in dem sich die Eltern mit ihren Kindern zwanglos tummeln.

Die ganz freie Zeit

Alle Jugendlichen, die man heute im Rahmen irgendeiner Umfrage anspricht, nennen an erster Stelle ihre Angst vor der Zukunft und der Arbeitslosigkeit, die ihnen blüht. Dieses Symptom sollte man nicht auf die leichte Schulter nehmen.

Mit der Arbeitslosigkeit ist unter anderem das Gefühl verbunden, ausgeschlossen zu sein. Unwillkürlich stellt sich dazu der Begriff des Versagthabens ein sowie derjenige der sozialen Abhängigkeit, die der „Wohlfahrtsstaat" auf dem Weg über Sozialamt und Arbeitslosenhilfe herstellt. Diese Situation beunruhigt die Jugendlichen umso mehr, als sie in einem Alter sind, in dem man von der Zukunft so gut wie alles erwartet und sich in die Gesellschaft integrieren möchte. Bei Jugendlichen, die gerade erst ihre eigene Form finden wollen, weckt das Risiko, sich eines Tages an den Rand der Gesellschaft gedrängt zu sehen, gewaltige Ängste und destruktive Kräfte. Nun ist es aber heutzutage so, daß das Individuum nur noch den Status finden kann, der ihm über seinen Platz in der Hierarchie der Arbeitswelt zukommt. Dieser Status ist nach Aussage mancher Soziologen nicht unabänderlich, sofern man sich die Mühe gibt, das Menschenwesen auch unter anderen Aspekten und von anderen Werten her einzuschätzen. Solche anderen Maßstäbe dürfen wir allerdings nicht auf dem Feld des Wettbewerbs und Geldes suchen, selbst wenn das Verdienen des Lebensunterhalts eine vorrangige Aufgabe bleibt.

Albert Jacquard hat mit Nachdruck hervorgehoben: „Die Selektion, die lediglich durch den Wettbewerb stattfindet, begünstigt diejenigen, die fähig sind, die anderen niederzumachen. Ein Gewinner produziert viele Verlierer. Unsere Gesellschaft ermutigt dazu, sich ans Gesetz des Stärkeren zu halten, was uns zum Begriff der Meute zurückbringt, einer für das Tierreich typischen Sozialform." Da muß man sich dann fragen, worin eigentlich unser Fortschritt besteht.

Ab jetzt kommt es darauf an, einen Kompromiß zu finden, bei dem sich die Notwendigkeit, daß sich der einzelne sozial integriert, mit den legitimen Ansprüchen des einzelnen verbündet. In absehbarer Zeit werden viele Menschen über ziemlich große Zeiträume frei verfügen können. Damit sie diese sinnvoller ausnützen können, wird es dringend notwendig, daß wir unsere Kinder darauf vorbereiten, diese leeren Zeiten, in denen sich die Kreativität jedes einzelnen entfalten kann, ertragen und sinnvoll nutzen zu lernen.

Das Leben an sich ist schon ein Wagnis. Heute wird alles von der Gesellschaft in Verwaltung genommen, damit das Individuum abgesichert ist, aber die Kehrseite davon ist, daß die Individuen immer weniger eigene Verantwortung übernehmen. Dieses System ermöglicht es den Institutionen, jeden Bürger genau unter Kontrolle zu halten. Aber indem die Gesellschaft ihm versichert, sie werde ihn gut behüten, nimmt sie ihm gleichzeitig seine eigenen Abwehrmittel und schafft damit eine anfällige Abhängigkeit. Sie gleicht der eines Kindes, das ohne den Schutz der Erwachsenen gar nicht mehr leben kann. So paradox das klingen mag: Ein Übermaß an Sicherheit bringt genau das Gegenteil hervor, nämlich Furcht und Angst vor der geringsten Beeinträchtigung, die diesem künstlichen Gleichgewicht widerfahren könnte.

Nur indem wir unsere eigene Kreativität wiederentdecken, finden wir Mittel und Wege, um der uns umgebenden Skepsis gegenzusteuern. Kreativität führt nämlich zu Unabhängigkeit und Veränderungsbereitschaft. Fernando Pessoa hat den Gedanken geäußert, „wir hätten zwei Leben: Das, welches wir für das wirkliche halten und das, welches wir in unseren Träumen erfahren, wobei es sich beim letzteren um das Leben handelt, das wir führen wollen, und das vielleicht das authentischere ist."[15] Jede echte Freiheit hängt davon ab, ob wir fähig sind, die Wirklichkeit auf einen Nenner mit unseren Träumen zu bringen. Es muß sich um eine Freiheit handeln, die imstande ist, sich mit einiger Kühnheit zu behaupten. Sie muß fähig sein, sich gegen jene Uniformierung der Gedanken und des menschlichen Verhaltens zur Wehr zu setzen, die einzig vom Materiellen beeinflußt ist und das Spirituelle unter die Räder kommen läßt. Auf eine Formel gebracht: Es steht eine echte Mutation an, damit wir wieder nach dem Sinn suchen!

---

[15] Fernando Pessoa, zitiert von Hugo Pratt in *Le Désir d'être inutile*, Laffont 1991

II. Über die Kreativität

*„Wer nur in den Fußstapfen anderer geht, kommt nie
darüber hinaus.
Wer nur in den Fußstapfen anderer geht, hinterläßt
keine eigenen Spuren."*
Chinesisches Sprichwort

Die Freude, etwas mit eigenen Händen zu machen

„‚Man kann nicht einfach da sein und nichts tun', hatte
die Großmutter immer gesagt. Aber gerade in diesem
Büro hatte Jean das Gefühl, nichts zu tun. Er sträubte
sich nicht gegen die Arbeit, obwohl ihm nichts das Meer
oder das Kouba-Spiel ersetzte. Aber die wahre Arbeit
war für ihn die Böttcherei, zum Beispiel: eine lange An-
spannung seiner Muskeln, eine Abfolge gewandter und
präziser Griffe, feste und zarte Handgriffe, bis man
schließlich das Ergebnis seiner Mühen vor sich hatte:
ein neues Faß, rundum fertig, ohne den kleinsten Riß,
das dem prüfenden Blick des Arbeiters standhalten
konnte."[16] Auch das Kind hat Freude daran, Baumeister,
Bildhauer, Kunstschmied zu werden. Wenn es etwas
baut, dann lernt es Begriffe kennen wie Entwerfen, Ausführen, Zeit, Anstrengung ..., und indem es das tut, bil-
det es seine eigene Struktur aus. Von da her kommt das
Interesse der Kinder für alle manuellen Tätigkeiten, sei
es unter Anleitung oder ganz selbständig. Dazu gehört,

---

[16] Albert Camus in: *Le Premier Homme*

es beim Spielen mit seinen Lego-Bausteinen zu ermutigen, oder es zu einem Handwerker im Stadtteil mitzunehmen und ihm entdecken zu helfen, wie ein Stück Rohstoff unter den Händen des Meisters eine ganz neue Gestalt annimmt. Leider werden solche Handwerke immer seltener, aber es scheint, sie leben hie und da wieder auf.

Nichts ist einfacher, als unsere Kinder an der Hand zu nehmen, um sie ganz hinten in einer Werkstatt den Geigenbauer entdecken zu lassen, der sich konzentriert über eine halbfertige Violine beugt, oder sie die merkwürdige Mischung von Gerüchen in einer Schokoladenfabrik riechen zu lassen, oder mit ihnen staunend zuzuschauen, wie in einer Buchbinderei ein Buch entsteht. So begreifen sie, wie aus Holz ein Muskinstrument werden kann, aus dem Kakaopulver eine Schokoladentafel und aus einem Stoß Papier ein Buch.

Es ist kein Zufall, daß ein handwerklich oder kunstgewerblich gefertigtes Einzelstück etwas ganz Besonderes und Wertvolles ist und im Lauf der Zeit sogar immer wertvoller wird. Die Handarbeit hinterläßt nämlich am geschaffenen Gegenstand unschätzbare Abdrücke: Sie zeugt von der kostbaren Verknüpfung der kreativen Phantasie des Schöpfers, von der Zeit und von den Mühen, die er darin investiert hat. Und entsprechend seiner jeweiligen Gemütsverfassung wird dieser Abdruck von einem Werkstück zum andern unterschiedlich und bietet die Gewähr für die Einmaligkeit jedes seiner Produkte.

Der Handwerker wird zum Vermittler zwischen dem Realen und dem Imaginären. Seine tätigen Hände sind Ausdruck seines Geistes und verleihen, unterstützt von seinem ganzen Körper, dem Leben und Denken einen

144

bestimmten Rhythmus. Übrigens bedient er sich der Natur ganz sparsam und ist mit seinem Respekt vor ihr schon immer ein Ökologe gewesen. Gleichzeitig bleibt er in einer Zeit, wo die Massenproduktion zur Vorherrschaft des Identischen und Gleichförmigen führt, ein Garant der Vielfalt. Der handwerklich gefertigte Gegenstand, der Dauer hat und im Lauf der Zeit an Wert gewinnt, ist eindeutig etwas ganz anderes als das industriell gefertigte Massenprodukt, das auf dem Schrotthaufen landet.

Der Handwerker darf zudem voll Freude erfahren, wie das Adelsprädikat von seinem Werk auf ihn selbst zurückfällt. Diese immer wieder neue Freude teilt er mit uns, den Besitzern seiner Werke. In China war man der Überzeugung: „Wenn die Gestalt einer Schale zart und formschön ist, so sagt das nicht nur, daß der Handwerker sie mit Sorgfalt gefertigt hat, sondern daß auch der Mensch, der sie benützt, sorgfältig mit sich selbst umgeht." Weil der Handwerker eine Kenntnis lebendig erhält, die bis zu den Wurzeln des menschlichen Genies zurückreicht, verdient sein Tun denselben Respekt wie das, was die großen Denker hervorbringen. Wenn diese kostbare Errungenschaft der Menschheit bei unseren Zeitgenossen gewaltig abgewertet worden ist, liegt das an einer unverzeihlichen Gleichgültigkeit, und dem verkannten Handwerk macht das sehr zu schaffen. In Wirklichkeit müßten wir den Handwerker als eine Art „Widerständler" schätzen, der durch sein bloßes Tun den letzten Freiraum gegen die alles überrollende Invasion der Massenprodukte verteidigt.

Der theoretische Unterricht findet in Gruppen statt und macht deshalb eine intensive Lehrer-Schüler-Beziehung schwierig. Beim Handwerker ist das anders: Er kann in das, was er an den einzelnen Lehrling weitergibt, eine affektive Dimension einbringen, ihm also nicht nur technische Fertigkeiten, sondern auch die Freude an seinem Handwerk vermitteln. Herrschen in dieser für das Handwerk typischen Beziehung zwischen Meister und Lehrling Respekt und Vertrauen, so ist das ein optimales Klima für das Lernen, und es ist geradezu vorbildhaft für das Lernen auf allen anderen Gebieten.

In manchen Ländern, wie zum Beispiel in Deutschland, muß jeder Lehrling wenigstens ein Jahr praktische Erfahrung haben, ehe er zum theoretischen Berufsunterricht zugelassen wird. Er soll erst ganz handgreiflich den Beruf kennenlernen, den er später ausüben will. Indem er so die Realität hautnah erfährt, die gelegentlich durchaus hart sein mag, kann er prüfen, ob er die richtige Wahl getroffen hat. In Frankreich dagegen hat man es unterlassen, der Berufsausbildung diese Bewährungsprobe vorauszuschicken, die beide Teile erheblich aufwertet: den Handwerker, indem dadurch seine besondere und schöpferische Erfahrung anerkannt wird, und den Lehrling, der unter dem aufmerksamen und wohlwollenden Blick seines Meisters Selbstachtung und Selbstvertrauen lernen kann.

Der abstrakte Unterricht liegt nicht jedem, und man kann nur bedauern, welche dominierende Rolle er zusehends einnimmt. Er vertieft immer mehr die sozialen Unterschiede, weil er die Möglichkeit, als Handwerker ein menschlich erfülltes Leben zu führen, abwertet. Diese Abwertung ist für die jungen Menschen, die sich in diese Richtung berufen fühlen, besonders schmerzlich, und das auch dann, wenn sie durchaus die Begabung haben, sich auch auf intellektuellem Gebiet nach oben zu arbeiten. Aber diese Überbewertung der akademischen Ausbildung verleitet viele dazu, ihre eigentliche Berufung nicht wahrzunehmen. Oft kommen sie erst sehr viel später darauf, was für verhängnisvolle Folgen das für sie hat.

Herr Y. kommt zu mir in die Sprechstunde, weil er auf beruflichem Gebiet Schwierigkeiten hat. Nach einem glänzenden Studium hat er eine angesehene Position erworben. Er ist für wichtige Untersuchungen und Analysen verantwortlich, die dazu gedacht sind, seiner Firma langfristige Planungen zu ermöglichen. Doch Herr Y. stellt fest, daß seine Erkenntnisse fast ganz folgenlos bleiben. Die allgemeine Gleichgültigkeit ist so groß, daß seine Untersuchungsergebnisse „unter einem Stapel von Dokumenten aller Art verschwinden und nie ernsthaft in Betracht gezogen werden". Seine Tätigkeit betrifft oft große Projekte, über die er jedoch keinerlei Entscheidungsvollmacht hat. Daher verliert das, was er tut, in seinen Augen nach und nach ganz seinen Sinn. Die sogenannte „Verantwortung", die er wahrnehmen muß, erscheint ihm angesichts der Tatsache, daß seine Schlußfolgerungen nie wirklich berücksichtigt werden, als geradezu lächerlich. So ist er entmutigt und weiß nicht mehr, welchen Sinn er seiner Arbeit geben soll, für die er allmählich jedes Interesse verliert. Das geht so weit, daß davon sein psychisch-affektives Gleichgewicht beeinträchtigt wird, was sich auch schädigend auf sein Privatleben auswirkt.

Er ist völlig enttäuscht von seinem Beruf. Im Lauf unserer Aussprachen erinnert er sich daran, wie er sich wider Willen gezwungen sah – weil eben intellektuelle Fähigkeiten verpflichten –, seinem Traum, Kunstschreiner zu werden, zu entsagen und dafür eine Verwaltungslaufbahn einzuschlagen, die mehr Ansehen und mehr Sicherheit bot.

Heute ist Herr Y. nicht mehr in der Lage, das Rad zurückzudrehen, weil er seine Familie angemessen unterhalten muß. Dennoch will er sich nicht länger von einer Situation entfremden lassen, von der er glaubt, er habe sie wider besseres Wissen gewählt, weil er von seiner Umgebung subtil unter Druck gesetzt worden sei. Obwohl die wirtschaftliche Lage schwierig ist, denkt er daran, seine derzeitige, auch in Zukunft sichere Stellung aufzugeben, um sich auf eigene Faust in der freien Wirtschaft zu versuchen. Damit geht er zwar erhebliche Risiken ein, aber er verfügt dann über völlige Freiheit, sich seine Tätigkeit selbst zu gestalten. Herr Y. gibt ganz offen zu, daß er „bestimmte handwerkliche Berufe beneidet, wo man es genießen kann, nach und nach etwas zu gestalten und schließlich das fertige Ergebnis in Händen zu haben", während seine eigene berufliche Tätigkeit „in einer großen, zweifellos angesehenen Organisation spurlos verschwindet, so daß man am Schluß keinerlei persönliche Genugtuung erfährt, etwas Greifbares zustande gebracht zu haben, weil es zu unkonkret bleibt, ja zuweilen sogar lächerlich oder nutzlos ist".

Beim Handwerker gehen das theoretische Entwerfen und die praktische Verwirklichung Hand in Hand. Wenn auf diese Weise das Geschick der Hand nicht vom geistigen Können verdrängt wird, bestärken und ergänzen sich Hand und Kopf gegenseitig, und die Folge für den betreffenden Menschen ist ein gesundes Gleichgewicht.

Ich persönlich habe das zweifellos von meinem Vater gelernt, und deshalb habe ich tiefen Respekt vor der handwerklichen Arbeit. Bei meinem Vater habe ich erlebt, welche Genugtuung es verschafft, ein Werkstück gewissenhaft und bis zur Vollendung zu gestalten. Die Mühe, die man sich dabei gibt, wird von der Freude beflügelt, die diese Tätigkeit gleichzeitig schenkt. Mein Vater genoß seine Unabhängigkeit, die er bei seinem Handwerk hatte, und die Möglichkeit, etwas frei zu entwerfen und auszugestalten. Er war dabei immer wieder ganz begeistert. Ständig war er am Nachdenken, wie er etwas verbessern oder noch raffinierter machen könne, und damit strafte er das geringschätzige Urteil Lügen, „Handarbeit" sei etwas viel Geistloseres als „Kopfarbeit". Sein Kopf war im Gegenteil voller Ideen, die er ständig gegeneinander abwog, um dann die beste für sich auszuwählen. Aus diesem Grund folgten seine einzelnen Arbeitsschritte mit einer faszinierenden Präzision aufeinander. Dank seiner großartigen intuitiven Fähigkeit konnte er sich immer schon exakt den nächsten Schritt vorstellen, so daß sich seine Arbeit mit großer Einfachheit und Klarheit abspielte. Er konnte eine eindrucksvolle Kreativität an den Tag legen, das heißt, ein Werk konzipieren und dann genau so ausführen. Das setzt vor allem voraus, daß „weder das Produkt noch das Handwerkszeug noch das Tun selbst von dem persönlichen Bezug losgelöst sind, dem sie entstammen". Ein Werk zu schaffen ist folglich etwas ganz anderes, als bloß Arbeit zu verrichten.

Handwerker wie Künstler arbeiten zielgerichtet, und so ergibt sich für beide unvermeidlich die Notwendigkeit, etwas Einmaliges in origineller Sprache auszudrücken, und das bedeutet, daß sie ihren eigenen Charakter mit ins Spiel bringen müssen.

Der Handwerker und erst recht der Künstler greifen auf ihre kreativen Fähigkeiten zurück, und darin sollte man sie mehr denn je fördern. Allerdings beeinträchtigt man ausgerechnet beim Schulunterricht zum ersten Mal stark die kreativen Anlagen der Kinder. Man sieht auf den ersten Blick, daß die Fächer, die die künstlerische Seite ansprechen, benachteiligt werden. Es wird unterstellt, daß sie für die Kinder nicht besonders wertvoll sind. In Wirklichkeit sprechen die Kinder darauf ganz besonders an. Der Unterricht fördert zuweilen kaum die Kreativität der Kinder. So entsinne ich mich eines Kindes, das mir ganz enttäuscht erzählt hat, sein Zeichenlehrer habe es getadelt, weil es den Himmel rosafarben statt blau gemalt habe. Den musischen Fächern wird bei weitem nicht der gleiche Rang wie den sogenannten Hauptfächern zuerkannt, die sich vor allem an den Verstand und das Gedächtnis der Kinder richten. Das geht so weit, daß manche Kinder, die besonders reich mit kreativen Fähigkeiten begabt sind, schließlich im Unverstand zum Psychotherapeuten gebracht werden, der sie davon kurieren soll, daß sie nicht ins allgemeine Schema passen. Ich jedenfalls habe schon öfter – und meiner Ansicht nach zu oft – Kinder vor mir gehabt, bei denen es im wesentlichen darum ging.

Erich ist ein achtjähriger Junge, der mir von der Schule geschickt wird, weil er immer zu spät kommt und immer „geistesabwesend" ist. Er scheint große Schwierigkeiten damit zu haben, sich an den Rhythmus der Gruppe anzupassen. Im Lauf unserer Aussprachen stelle ich fest, daß Erich über große intuitive Fähigkei-

ten verfügt. Ständig gibt es für ihn etwas zu beobach-
ten, ständig ist er auf etwas neugierig, so daß er vieles
entdeckt, was die anderen ganz übersehen. Zwar hat er
für ein bestimmtes Gebiet, das des abstrakten Den-
kens, noch kein besonderes Interesse, doch kann er
durchaus abstrahieren, wenn es darum geht, seine rei-
chen und vielfältigen Informationen zu sammeln und
zu verarbeiten, und er spricht dann darüber mit er-
staunlicher Sensibilität. Da er jedoch immer hinter den
anderen herhinkt, wagt er sich ihnen nicht allzu oft
mitzuteilen, weil dafür die Vertrauensgrundlage fehlt.

Bei einem Gespräch erwähnt seine Mutter, Erich
habe von frühester Kindheit an ein besonderes Interesse
für alle außergewöhnlichen Gegenstände gehabt: einmal sei das ein großes steinernes Kapitell gewesen, der
Rest einer griechischen Säule, die er in einem Park habe
verloren herumliegen sehen, und ein anderes Mal habe
er aus einem getrockneten Palmblatt, das er unter einem Baum aufgelesen habe, den Kopf eines Elefanten
gemacht. Wegen dieser Fähigkeit, die überraschendsten
Dinge zu entdecken, habe man ihm den Spitznamen
„der kleine Trödler" gegeben.

Erich läßt sich immer wieder neu überraschen, ist
immer hellwach und nährt mit seinen Entdeckungen
seine ständig rege Neugier. Das hindert ihn nicht daran,
sich unverstanden und regelrecht ratlos zu fühlen, was
er in die Worte faßt: „Ich bin zu langsam und mache allen bloß immer Schwierigkeiten." In diesem Bewußtsein und verkannt von den anderen, kämpft Erich nach
Kräften gegen eine latente Depression an, die sich aus
dem Gefühl ergibt, die anderen schätzten ihn überhaupt
nicht, was ihn ziemlich zu plagen scheint. In verzwei-
felter Abwehr gegen alle anderen versucht er, sich einen

für ihn wesentlichen Freiraum zu behaupten. Das bringt er schon immer mit Hilfe von Zeichnungen zum Ausdruck, denn, so erzählt seine Mutter, er zeichnet schon, „seit er einen Stift in der Hand halten kann".

Wenn sich Erich also nicht in die Schule einbringt, die nicht seinem Rhythmus entspricht, so tut er das, um sich seinen inneren Reichtum zu bewahren. Allerdings ist es gefährlich, ein Kind, das sich unverstanden fühlt, sich in seine eigene Welt zurückziehen zu lassen, sich also von der Außenwirklichkeit abzukoppeln. Wir alle wissen, daß angesichts dieses Verhaltens das Problem der Lehrer vor allem organisatorischer Natur ist: Sie können nicht wegen eines einzelnen Kindes mit der ganzen Klasse langsam machen. Trotzdem sollten die Lehrer, selbst wenn sie sich überfordert fühlen, nicht verkennen, daß es sich bei bestimmten Kindern um die beschriebene Symptomatik handelt. Sie sollten solchen Kindern das Leben nicht zusätzlich schwer machen, indem sie sie verspotten oder sie gegenüber den anderen Schülern herabsetzen, die vielleicht intellektuell fähiger sind, aber eine weniger fruchtbare Phantasie haben. Leider berichten entsprechend gedemütigte Kinder oft davon, daß ihre Lehrer auf diese destruktive Weise mit ihnen umgehen. Hilfreicher für alle wäre es, wenn die Lehrer solchen Kindern bestätigen würden, daß sie eben andere Fähigkeiten haben. Dann würden sich diese Kinder auch leichter ins Schulsystem einfügen.

In solchen schwierigen Situationen spielen die Eltern eine ganz wichtige Rolle. Sie müssen diese Fähigkeit ihres Kindes zum Beobachten, Phantasieren und schöpferischen Erfinden fördern. Sie haben die Pflicht, sie in ihren ganz persönlichen, wesentlichen und kostbaren Gaben zu ermutigen und zu bestätigen.

Amélie ist sechseinhalb Jahre alt, als sie wegen Verhaltensproblemen zu mir gebracht wird, vor allem, weil sie sich weigert, in die Schule zu gehen. Es handelt sich um ein intelligentes Kind, das sehr rasch lesen gelernt hat und sich gerade deshalb schon zwei Monate nach Beginn des Schuljahrs im Bewußtsein dessen, was sie gelernt hat, hartnäckig weigert, weiter zur Schule zu gehen. Wenn sie dann doch geht, stört sie nur den Unterricht und gibt sich nur mit ihren Klassenkameraden ab, statt auf das zu achten, was die Lehrerin sagt. Sie findet alles, was die Lehrerin bietet, langweilig, es kommt ihr zu langsam vor, und sie sagt das auch klipp und klar.

Es stellt sich heraus, daß Amélie ein hochbegabtes kleines Mädchen ist und über eine ungemein reiche Phantasie verfügt. Als sie mein Zimmer betritt, überrascht mich ihre äußere Aufmachung: Sie trägt auf dem Kopf ein Barrett, an dem eine Menge kleiner Gegenstände befestigt sind. Als ich sie frage, wo sie die weiße Feder gefunden habe, das Herbstblatt, das Stückchen Angorawolle und die Stecknadel, mit der ein buntes Bonbonpapier befestigt ist, erklärt sie mir, sie brauche das alles, um sich mit etwas beschäftigen zu können, wenn es ihr langweilig sei. Sie hat alle diese Gegenstände lustig und eindrucksvoll auf dem Barrett arrangiert, und jeder, der es sieht, muß amüsiert darüber schmunzeln. Diese kurze Beobachtung zeigt schon deutlich, daß Amélie im Grunde nicht gestört ist, sondern einfach phasenverschoben gegenüber einer Welt lebt, die zu starr ist, um die Einfälle ihrer wachen und stets erfindungsreichen Phantasie richtig aufnehmen zu können.

Man sollte ihr erlauben, ihre Phantasie einzubringen, denn mit ihren Entdeckungen und Einfällen kann sie auch noch die passivsten Gemüter mitreißen. Aber statt dessen verlangt man von ihr, auf diese zu verzichten und sich in die Gruppe einzufügen. Es wäre gar nicht allzu schwer, ihr zu zeigen, daß man ihre kreativen Fähigkeiten schätzt, und diese dann so zu lenken, daß sie sich besser in die Klasse einbringen könnte.

Aber weil man das versäumt, wird Amélie zum Problemfall, weil sie ein Schulsystem in Frage stellt, das ein solches kreatives Wesen nicht verträgt und den Erwartungen solcher Kinder nicht entsprechen kann. In dieser Situation, in der Amélie spürt, daß ihre kreative Phantasie nicht geschätzt wird, beschließt sie, jetzt erst recht dazu zu stehen und ihren Weg so unabhängig von den anderen wie möglich zu gehen. Sie läßt sich ihre Lebensfreude und den Reichtum, den sie dank ihrer regen Phantasie erfährt, nicht nehmen. Damit läuft sie jedoch Gefahr, sich völlig von der Welt der Schule abzusetzen, ohne die es für sie unglücklicherweise keinen Weg in die Zukunft gibt.

Hatte Erich sich mit Hilfe seiner Langsamkeit Raum für seine angeborene Neugier geschaffen, so rettete sich Amélie mit unersättlicher Lebhaftigkeit ihre rege Phantasie. Beide, so scheint mir, verfügen über ein sehr reiches Innenleben. In der Schule und dem, was sie den Kindern zu bieten hat, bleibt dieser Reichtum leider fast ganz brach liegen. So müssen sie sich selbst darum kümmern, sich ihn um jeden Preis zu erhalten, so gut sie das können. Dabei laufen sie allerdings Gefahr, anders als die anderen zu werden und sich ganz an den Rand eines Systems zu manövrieren, das einseitig selektiert und Schuldgefühle verpaßt.

In Wirklichkeit jedoch verkörpern Amélie und Erich

eine Form der Originalität und inneren Freiheit, die unsere Gesellschaft dringend braucht, denn in beiden steckt ein bewundernswertes kreatives Vermögen. Es verschafft sich durch ihre ungebremste Neugier und ihre spontanen Gefühle Ausdruck, und es äußert sich in der Freude, die beide daran haben.

Genau das jedoch wollen die musischen Disziplinen fördern. Sie sind darauf angelegt, eine andere Art Intelligenz als die akademische zu entwickeln, nämlich die Sensibilität und das Phantasievermögen. Der Kindergarten mag dafür noch reichlich Platz lassen, aber die Grundschule bricht zu rasch und brutal mit der Welt des Spielens und Phantasierens des Kindes. Sie standardisiert die Ausdrucksmöglichkeiten und schreibt meistens eine Einheitssprache für alle vor, die dazu dienen soll, möglichst viel abstraktes Wissen anzuhäufen.

Sollte man statt dessen nicht in der Schule möglichst viele Gelegenheiten und Ausdrucksmöglichkeiten vorsehen, damit jedes Kind die Möglichkeit findet, sich zu entfalten und seine authentische Eigenart so gut wie möglich einzubringen? Musik, Singen, Theater, Modellieren, Malen, Marionettenspielen und alle Formen körperlichen Sich-Ausdrückens bieten dem Kind vielfältige Möglichkeiten, seiner Eigenart lebendigen Ausdruck zu verleihen. Ein interessanter Versuch in dieser Richtung, der seit einiger Zeit in Épinal unternommen wird, beweist, daß das möglich ist.

In manchen Fällen muß man das Kind zuerst einmal von den Fesseln befreien, die sein kreatives Tun lähmen. Wie viele Kinder, deren Eltern davon träumten, sie seien kleine Mozarts, haben sich schon geweigert, überhaupt noch zu musizieren! Die übersteigerten Erwartungen ihrer Eltern hatten ihnen alle Freude daran genommen und sie gleichzeitig daran gehindert, sich mit mehr Freude einem anderen Gebiet zuzuwenden.

Wenn die Eltern dagegen das aufgreifen, fördern und verwirklichen helfen, was das Kind von sich aus gern tun würde, begünstigen sie seine Entwicklung. Schaut man einem Theaterstück oder Tanz zu, das es selbst improvisiert hat, hört man sich aufmerksam seine ersten zaghaften Klimperversuche auf dem Klavier an, bewundert man seine noch ungelenke Zeichnung, mit einem Wort: nimmt man das, was das Kind hervorbringt, mit Aufmerksamkeit und Wertschätzung wahr, so wird es dadurch nachhaltig ermutigt.

Nichts ist einfacher, als im Kinderzimmer ein großes Blatt Papier zum Bemalen an die Wand zu heften, statt dem Kind strikt zu verbieten, „an die Wand zu malen". Dann fühlt sich das Kind in seinem legitimen Wunsch, etwas schöpferisch Aktives zu tun, verstanden und bestätigt und kann auch Grenzen annehmen, die dabei zu beachten sind.

Was macht es im übrigen aus, ob es nun wirklich ein Cézanne oder Picasso wird – wichtig ist doch nur, daß es einfach es selbst wird!

Ich entsinne mich einer Begebenheit mit einem neunjährigen Kind in der dritten Klasse. Markus lebte mit seinem Vater und seinen Brüdern in einem Wohnheim, und ihre Mutter hatte sie verlassen. Es war ein trauriges, unscheinbares Kind mit sehr mittelmäßigen schulischen Leistungen, das nicht aktiv am Unterricht teilnahm, sondern sich auf die bloße Anwesenheit beschränkte. Nun plante die Lehrerin, mit der Klasse das Haus des Malers Monet zu Giverny zu besuchen. Ein Vater hatte angeboten, den Kindern zur

Vorbereitung darauf im Unterricht einiges über den Impressionismus zu erzählen, was die Lehrerin dankbar angenommen hatte. Der Vater erklärte den Kindern zunächst diese Kunstrichtung, und dann fragte er sie, wie sie das empfänden. Einige Schüler meldeten sich und gaben meistens Kenntnisse wieder, über die sie dank eines entsprechenden kulturellen Hintergrunds in ihrem Elternhaus verfügten. Als der Vater jedoch darauf zu sprechen kam, wie sie selbst die Natur und das Spiel von Schatten und Licht sähen, sah man, wie sich zaghaft die Hand von Markus hob. Zur Überraschung der ganzen Klasse erzählte er mit großem Geschick von den Eindrücken, die er selbst schon beim Beobachten von Licht und seinen Spiegelungen auf dem Wasser gesammelt habe. Hingerissen von diesem Thema, schilderte er eindrucksvolle persönliche Empfindungen, die erstaunlich klar waren und ein höchst empfindsames Wahrnehmungsvermögen verrieten.

Die Lehrerin dankte ihm überschwenglich, und zum ersten Mal sah man das Kind lächeln. Am Ende der Stunde brachte es einen Mut auf, den ihm niemand, der es kannte, zugetraut hätte: Es ging diskret zu dem Mann hin, der den Unterricht gehalten hatte, und flüsterte ihm ins Ohr: „Ich will nämlich einmal Maler werden."

Diese Geschichte, die wie ein Märchen wirkt, hat sich wirklich so zugetragen. Die Lehrerin hat sie mir selbst erzählt. Sie zeigt beispielhaft, wie die in unserer Kultur üblichen Unterrichtskriterien im allgemeinen wenig Rücksicht auf die den Kindern eigene Sensibilität nehmen. Doch müßte gerade dafür die Mehrzahl der Kinder eine angemessene Ausdrucksmöglichkeit finden. Obendrein würde das dann den weniger Begünstigten eine größere Chance geben.

Diesem kleinen Jungen waren in dieser Unterrichtsstunde seine eigenen Gaben aufgegangen. Das hatte ihm ein neues Selbstwertgefühl geschenkt, und er konnte für sich Zukunftsperspektiven entdecken. Ganz unabhängig davon, ob und wie sich später sein Wunsch, Künstler zu werden, verwirklichen ließ, hatte er angefangen, für die anderen zu existieren, und vor allem zuerst einmal für sich selbst. Worin anders aber bestünde eine wirkliche Erziehung, wenn nicht darin, alle vorgefaßten Meinungen hinter sich zu lassen und jedem die Möglichkeit zu geben, seine ureigenen Gaben zu entdecken und zu entfalten? Wie hat Einstein geschrieben? „Ein Vorurteil ist schwerer zu zertrümmern als ein Atom!"

Die Förderung künstlerischer Ausdrucksfähigkeiten

„Der Nutzen der Kunst besteht darin, nutzlos zu sein", hat Ionesco geschrieben. Es ist heute von Nutzen, eine Lanze für das Nutzlose zu brechen. „Die Kunst ist dazu berufen, das Ungesagte zu sagen, um ihm seine Aufgabe zu erleichtern. Sie ist ein Schrei, ein unzensurierter Raum der Sehnsucht, der Ausdruck des Rechts, anders zu sein, das der Mensch auf allen anderen Gebieten Schritt um Schritt verliert."

Einer Erziehung mittels der Kunst würde es nicht in erster Linie darum gehen, leistungsstarke Schüler heranzuziehen. Sie würde alternativ zur üblichen Schule einen anderen Typ von Schule einrichten, in der vor allem Wert darauf gelegt würde, die Ausdrucksmöglichkeiten und künstlerischen Fähigkeiten jedes einzelnen Schülers zu fördern. In vielen Ländern hat es bereits Versuche in dieser Richtung gegeben, die auch bereits ausgewertet worden sind. Das hat gezeigt, daß eine solche Neuerung das psychisch-affektive Gleichgewicht der Schüler beträchtlich verbessert; gleichzeitig motiviert es sie auch viel stärker für den Besuch der Schule. Das gilt vor allem auch für handwerkliche Ausbildungsstätten. Dabei läßt sich beobachten, daß sich die Konzentration der Schüler verbessert und ihre intellektuellen Fähigkeiten zunehmen.

Diese Art der Erziehung weckt den Wunsch nach echterer Kommunikation. Es geht dabei nicht mehr in erster Linie um Konkurrenz, sondern um ein partnerschaftliches Zusammenarbeiten der Schüler untereinander. Das gelingt in der Form bei unseren derzeitigen Unterrichtsformen kaum, denn da werden die Schüler viel zu früh einem Klima des Wettbewerbs ausgesetzt, ja geradezu dazu ermutigt, die anderen als Rivalen zu sehen.

Jeder Mensch trägt in sich eine Geschichte, die einmalig und daher für alle anderen bereichernd ist. Unser Ziel sollte darin bestehen, diese Einmaligkeit ganz ernst zu nehmen und in großer Toleranz gelten zu lassen. Das Einmaligste ist nämlich zugleich auch das Allgemeinste, und auf diese Weise können sich alle gegenseitig beschenken. In dem Maß, in dem man sich auf die Kultur des anderen einläßt, ihn versteht und als jemanden annimmt, der anders ist als man selbst, gelingt der tolerante Austausch.

Wir müssen damit aufhören, das Kind immer nur unter Teilaspekten zu sehen und zu behandeln; vielmehr sollten wir es als Ganzes betrachten. Unser Schulsystem sollte so konzipiert werden, daß es die einzelnen Disziplinen nicht mehr voneinander abspaltet, sondern miteinander vernetzt und jedes einzelne Kind nicht mehr quantitativ nach seinen Einzelleistungen in den verschiedenen Fächern bewertet, sondern qualitativ, ausgehend von einer Gesamtschau seiner verschiedenen persönlichen Fähigkeiten. Damit würde unser gegenwärtiger Unterrichtsstil überwunden, der auf dem Prinzip des Wettbewerbs um die besten Noten beruht, und die Kinder würden dazu angeleitet, sich gegenseitig zu unterstützen und Großzügigkeit an den Tag zu legen, die sich zunächst einmal im Umgang mit den Menschen in der eigenen nächsten Umgebung erweist.

Es ist zwar wichtig, daß man rechnen und vernünftig denken lernt, aber genauso wichtig ist es, daß man lernt, die Wirklichkeit mit wacher Empfindsamkeit wahrzunehmen und Kriterien zu finden, um kritisch und offen auf die Welt zuzugehen. Ein nach heutigen Maßstäben intelligenter Schüler ist noch lange nicht intelligent für das Leben!

Wenn die Schule es fertigbringen würde, Gegensätze miteinander zu vereinen wie zum Beispiel Gefühl und Selbstbeherrschung, Traum und Nüchternheit, Sehnsucht und Wirklichkeit, müßte doch eigentlich eine neue Ausgewogenheit zu finden sein. Eine solche Schule würde der Verarmung unserer Sensibilität und dem visuellen Analphabetentum entgegenarbeiten, das heißt der verbreiteten Unfähigkeit, ganz persönlich und kritisch mit der Welt, die einen umgibt, umzugehen.

Kinder haben eine ganz natürliche Fähigkeit zum Staunen. Man muß sich schon früh darum bemühen, ihnen diese zu erhalten. Sie können Dinge betrachten und entdecken, für die wir gar keinen Blick mehr haben. Unsere Aufgabe besteht darin, sie darin zu ermutigen und uns vielleicht sogar von ihnen anstecken zu lassen. So könnten wir eventuell die intuitive Fähigkeit, die wir als Kinder hatten, wiederfinden. Von Einstein stammt der Spruch: „Ein Mensch, der die Fähigkeit zum Staunen verloren hat, ist so gut wie tot."

Mir schwebt eine Schule vor, die dieses Sehvermögen sowie die individuellen Gaben jedes einzelnen Kindes fördern würde; eine Schule, in der es in erster Linie darum ginge, beides zusammen zu entwickeln. Ich träume von einer Schule und ganz allgemein von einer Erziehung, der es ganz entschieden um jene Kreativität geht, die aus der Fähigkeit zum Staunen stammt und die wir in jedem Kind zu bewahren versuchen müssen.

Im Unterschied zur Vereinheitlichung, die trotz ihres Anliegens, alle ganz gleich zu behandeln, in Wirklichkeit zum Instrument der Ausgrenzung wird, begünstigt die Kreativität, die ihrem Wesen nach keine Grenzen kennt, die persönliche Eigenart und die Entfaltung des einzelnen, und obendrein ermutigt sie zur Vielfalt und bereichert dadurch die Gesellschaft.

„Was dem Ohr entgehen könnte, das entgeht nicht dem Blick, wenn sich dieser Blick sein Werkzeug hergestellt hat."[17]

---

[17] André Verdet, *Les exercices du regard*, Galilée 1991

III. Über das Faulenzen

*„Das Schweigen ist die höchste Form des Denkens ...
Schon lange lasse ich in mir diese langsame Bewegung
in Richtung zum Unbekannten hin zu, diese höchste
Form der Erkenntnis: das Träumen, die Anbetung des
Schweigens."*
Christian Bobin

*„Die verlorene Zeit überholt sich nie, sie findet sich im-
mer wieder. Nur die verlorene Zeit erfindet und
erschafft."*
Guy Lagorce

Das „Problem", daß Kinder bummeln und faul sind

In einer Gesellschaft, in der das Recht zum Faulsein
ganz in Mißkredit geraten ist, bekommen die Eltern regelrechte Ängste, wenn ihre Kinder nicht fleißig genug
sind.

Nach dem Sprichwort „Müßiggang ist aller Laster
Anfang" lassen sie sich von der Vorstellung beherr-
schen, das Nichtstun öffne allen möglichen schlimmen
Dingen Tür und Tor. Oft jedoch projizieren sie ihre eigenen fixen Vorstellungen auf ihre Kinder. In ihren Augen *verliert* ein Kind, das nichts tut, seine Zeit. Es sollte
sich streng an die Anweisung seiner Eltern halten, wann
es mit einer sinnvollen Tätigkeit aufhören und nichts
tun darf. Aber wie sollten Eltern etwas steuern können,
was sich nun einmal unsichtbar im Kopf abspielt?

Die unerläßliche Fähigkeit, Langeweile auszuhalten

Hat jemand die Fähigkeit, Langeweile auszuhalten, so ist das ein sicheres Zeichen guter psychischer Gesundheit. Im Leben eines Kindes ist es notwendig und eine prägende Erfahrung, daß es sich gelegentlich langweilt. Die Zeit, wo es nichts tut und seinem Alleinsein ausgeliefert ist, versetzt es in einen Zustand, in dem es seinen Gefühlen nicht mehr ausweichen kann, und so können sich diese in seinem Inneren entfalten. So kann es nach und nach entdecken, daß in seinem Inneren ganz eigene Energiequellen stecken. Es erlebt, wie ihm von innen her Geschichten einfallen, die es dann später beim Spielen in Szene setzen kann. Hat das Kind in Muße das weite Gebiet seiner Phantasiewelt erkunden können, so gibt ihm das ein ganz neues Selbstwertgefühl. Es spürt, daß es wesentliche Dinge in sich selbst trägt, und dadurch verstärkt sich seine Zuversicht, aus eigenen Kräften leben zu können.

Wenn es lernt, still zu sein, seinen eigenen Atem zu hören und auf sein geheimstes Inneres zu lauschen, wird es mit der *Introspektion*, der eigenen Innenschau vertraut. Das ist eine für den Menschen hilfreiche Erfahrung; er kann auf sie zurückgreifen, um sich an bestimmten Stellen seines Lebens neu zu orientieren und sich auf die Zukunft einzustellen. Gerade der Umstand, daß es sich einige Zeit langweilt, bietet dem Kind die Möglichkeit, eine ganz neue Art von Erfahrungen zu machen. Sie verdankt es nicht wie seine bisherigen Erfahrungen der aktiven Teilnahme am äußeren Umtrieb, sondern seinem eigenen Inneren.

Natürlich kann es ein Zeichen latenter Depression sein, wenn man den ganzen Tag nur herumbummelt und an nichts Freude hat. Vor allem bei Jugendlichen sollte man solche Symptome durchaus ernst nehmen. Aber grundsätzlich setzen Anfälle der Langeweile nach Zeiten lebhafter Aktivität ein wertvolles Gegengewicht. Sie ermöglichen eine gesunde Entspannung, und man kann sich von allen Belastungen erholen. Es ist ungemein hilfreich, wenn man sich einige Übung darin erwirbt, sich auf das einzulassen, was einem beim Stillsein von innen her aufsteigt; das trägt dazu bei, daß man ein reiches Innenleben entwickelt.

Das Nichtstun bietet also dem Kind genau wie dem Erwachsenen die Gelegenheit, *sich der Kontemplation zu widmen* und auf eine Art zur Ruhe zu kommen, die man kaum finden kann, wenn man immer nur in Aktion ist. Von da her gesehen findet das Kind zu den Zeiten, in denen es nicht in ein Programm eingespannt ist, die Möglichkeit, das Schauen und Horchen auf das Leben zu lernen. Dieses Leben erschließt sich über vielfältige subtile Empfindungen, die anders kaum zugänglich sind.

In einem kaum zu beschreibenden Zustand zwischen Wachen und Schlafen kommen uns recht oft die kreativsten Einfälle und jähen Erleuchtungen; uns fallen ungeahnte Dinge ein, was gelegentlich ganz verblüffend sein kann. Wenn man nichts tut, klärt sich vieles ab. In Zeiten des Nichtstuns entwickelt das Kind seinen Erfindungsgeist, den es gut brauchen kann, um sich anschließend wieder zu beschäftigen und sich mit dem zu befassen, was ihm Freude macht. Wenn das Kind Musik hört oder aufmerksam Bücher durchblättert und sich in ihre oft sehr kunstvollen Illustrationen vertieft, die die Eltern überblättern, wenn sie eine Geschichte lesen, heißt das ganz und gar nicht, daß das Kind nichts

Rechtes denkt. Es handelt sich hier vielmehr um Tätigkeiten, die seine Psyche entfalten. Es entdeckt bei solchen Beschäftigungen, was ihm gefällt, und es kann dann in Freiheit seine Wahl treffen. Wenn man nicht immer gleich zu schnell auf die Klage des Kindes „Mama, mir ist es so langweilig!" eingeht, läßt man ihm Zeit, vielleicht selbst eine interessante Beschäftigung zu finden. Das heißt also einmal mehr, daß man dem Kind ein gewisses Maß an Wartenmüssen und Frustration zumuten sollte, um es auf diese Weise zur Eigeninitiative und zum selbständigen Denken zu ermutigen. Dann bleibt immer noch Zeit, dem Kind bei Bedarf ein wenig später irgendetwas Sinnvolles vorzuschlagen.

Hier handelt es sich also um eine Art therapeutischer Maßnahme, eine Hygiene der Psyche, die das Nachdenken stimuliert und „erfinderische Kreativität für das Leben" weckt. In unserer Gesellschaft wird pausenlos eine Aktivität inszeniert, die systematisch das Nachdenken verhindert. Es ist, als müßten wir ständig rastlos tätig sein, um unsere Gefühle zu überspielen. Das kann schließlich zu einer regelrechten Neurose führten, zum „horror vacui", der Angst vor der Leere. Davon befallene Erwachsene gönnen sich keine Verschnaufpause zwischen Arbeit und sogenannten „Freizeitaktivitäten": Sport, gesellschaftlichen Verpflichtungen, Heimwerken, Alltagspflichten ... , so als wollten sie um jeden Preis vermeiden, mit sich selbst konfrontiert zu sein.

Die Langeweile steht nicht im Gegensatz zum Vergnügen. Sie spielt sich in einem Raum ab, wo das Nachdenken möglich wird; man spürt, daß man lebt und gleichzeitig sein Innerstes vor den Einflüssen der äußeren Welt abschirmt. In diesem Sinn ist sie auch ein Abwehrmechanismus, der es einem ermöglicht, sich vor dem äußeren Trubel und zuweilen sogar vor den gebieterischen, oft aufdringlichen Anweisungen der Erwachsenen in sein „verborgenes Ich" zurückzuziehen.

Jeder hat schon in seiner Kindheit erlebt, welchen Lärm und welches Durcheinander ein festliches Familientreffen verursacht. Dieser Lärm verwandelt sich für ein Kind in eine Art von gedämpftem, andauerndem Lärmpegel. Es mag oft so tun, als langweile es sich, aber im Grunde genießt es das allgemeine Stimmengewirr als ein traumhaft wohliges Gefühl. Es läßt sich davon überhaupt nicht stören, weil es in ihm ganz ähnliche Gefühle des Geborgen- und Durchdrungenseins weckt, wie es sie zu seiner Zeit als Säugling hatte. Diese wohltuende Regression ermöglicht es dem Kind also, alle diese verwirrenden Sinneseindrücke zu genießen, und ihm bleibt sein Leben lang eine gute Erinnerung daran. Es hat also mit Freude den Umstand genossen, *mitten unter anderen allein zu sein.*

Wer hat es nicht schon selbst einmal genossen, einen ganzen Sonntag lang daheim zu verbummeln, sogar wenn draußen schönes Wetter war ... Schon ein kleines Kind ist in der Lage, seinen Wunsch zu äußern, nicht angezogen zu werden und nicht aus dem Haus zu müssen. In die gleiche Richtung geht der beliebte Wunsch aller Kinder, ihre Eltern sollten ihre „eingebildeten Krankheiten" ernstnehmen. Wenn die Mutter dem Kind zum Beispiel großzügig erlaubt, wegen lächerlicher 37,2 Grad „Fieber" daheimzubleiben, stiftet das eine Art Komplizenschaft zwischen Kind und Mutter. Das erspart es dem Kind, den Pegel der Krankheit noch höher schieben und größere körperliche Symptome an den Tag legen zu müssen, um als „krank" anerkannt zu werden. Da wollte zum Beispiel ein vierjähriges Mädchen unbedingt seine Eltern davon überzeugen, daß es furchtbar krank sei, und es eröffnete ihnen mit dramatischer Stimme: „Ich habe vierzig Kilo Fieber, ich muß unbedingt im Bett bleiben, und mein Arzt muß kommen!" Wer erinnert sich nicht gern an die Tage, die man dem Alltagstrott entreißen konnte, weil man seine Eltern mit einigem Gejammer schließlich herumgekriegt hatte, einem eine Entschuldigung für die Schule zu schreiben? Diese „schöpferische Pause", die man sich von Zeit zu Zeit gönnt, hilft tatsächlich dazu, wieder einmal durchzuatmen und neue Kraft zu schöpfen, um dann wieder zu seinen Alltagspflichten zurückzukehren.

Leider sieht sich bereits das Kind in die Pflicht genommen, seine Zeit *gut auszunützen*, weil die Erwachsenen so schrecklich auf das Nützlichsein versessen sind. Kommt es vom Kindergarten heim, soll es sich gleich mit Lernmaterial für Vorschulkinder beschäftigen, also eine Art „Hausaufgaben" machen, noch ehe es in die Schule kommt, denn seine Eltern meinen, ihren Sprößling unbedingt damit beglücken zu müssen.

Wie bereits gesagt, sieht schon der Tagesplan der Kinder kaum mehr Zeiten des „Nichtstuns" vor, also Augenblicke der Leere, die doch ganz wesentlich dafür sind, daß sich das Kind auf das freie Feld seiner Phantasien wagen kann. Mancher wird einwenden, dafür gebe es schließlich die Ferien, und für das „Nichtstun" sei die Freizeit vorgesehen. Im übrigen ertöne, wenn man den Kindern Langeweile zumute, ja doch alsbald das Gejammer „Mama, mir ist's so langweilig!", was den Eltern schnell auf die Nerven gehe. Sei es ein Wunder, wenn sie sich dann verzweifelt bemühten, dem abzuhelfen, indem sie das Kind zum Beispiel vor den Fernseher setzten?

Nun genügt es allerdings manchen Eltern nicht, ihren Kindern eine Reihe außerschulischer Pflichtübungen aufzuerlegen. In ihrer Sorge, sie zu nützlichen Menschen zu erziehen, packen sie auch in die Ferien ihrer Kinder ein ganz ähnliches Beschäftigungsprogramm, wie es für das übrige Jahr gilt. Sie funktionieren auch die Ferien zu einer Art Ausbildungszeit um. Wenn die Ferien auf diese Weise ebenfalls verplant werden und man den Kindern die ihnen zustehende Zeit wegnimmt, geraten sie dadurch in den Dauerstreß, pausenlos etwas leisten zu müssen. Die Folge ist, daß sie noch mehr ausgelaugt werden. In Wirklichkeit sollten die Kinder in den Ferien wirklich neue Kraft schöpfen können. Da habe ich zum Beispiel einen neunjährigen Jungen kennengelernt, der von keinem Ferien-Gruppenprogramm voller verlockender Aktivitäten etwas wissen, sondern schlicht und einfach zu seinen Großeltern aufs Land gehen wollte. Diese Weigerung war beim ihm kein Ausdruck mangelnden Sozialverhaltens. Bei den Großeltern konnte er sich einfach Zeit lassen, um herumzutrödeln, mit den Dorfkindern zu spielen und Lager zu bauen. Abgesehen vom normalen Tagesrhythmus, war er dort frei von allen Pflichten. Klugerweise hatten seine Eltern darauf verzichtet, auf seiner Teilnahme am Ferienprogramm zu bestehen. So genoß er den Vorzug, sich in seiner Kindheit einen Schatz zu sammeln, der für sein ganzes Leben bereichernd sein würde. Eine wie oben beschriebene „nützliche" Feriengestaltung hätte ihm nie und nimmer diese Möglichkeit geboten. Man muß noch dazu sagen, daß ihm auch das Glück beschieden war,

Großeltern zu haben, die ihm diese Insel des Friedens bieten konnten. Wenn es heute ein vielfältiges Angebot an Aktivitäten und Programmen für die Schulferien gibt, so liegt das natürlich auch daran, daß viele Eltern keine andere Möglichkeit haben, ihre Kinder in Ferien zu schicken, und dann dankbar darauf zurückgreifen. Aber das ist eine andere Geschichte.

Jedenfalls bleibt festzuhalten, daß sogar die Ferien kaum mehr dem unerbittlichen Sog jenes Leistungsdenkens entgehen, der unsere Gesellschaft erfaßt hat. Wenn die Eltern heute ihren Kindern das Recht auf Faulsein zugestehen, empfinden sie das fast als eine Art *Kapitulation* vor ihren Kindern, die mit allen Mitteln versuchen, sich zusätzlichen Pflichten zu entziehen, zumal Pflichten in den Ferien. Kein Wunder, daß gerade über dieses Thema in den Familien unendlich viel gestritten und verhandelt wird.

Das Faulenzen

In einer Industriegesellschaft wie der unsrigen, wo nur die Arbeitsleistung zählt, hat das Faulenzen keine Daseinsberechtigung, denn es produziert nichts. Arbeit wie Freizeit werden einzig danach bemessen, ob sie zum Profit beitragen, sei dieser intellektueller, materieller oder sonstiger Art. In dieser Hinsicht wirkt sich die Überbewertung der Arbeit nachhaltig auf alle Tätigkeiten des heutigen Menschen aus. Alle Freuden, die man außerhalb des Kreislaufs von Produzieren und Konsumieren genießt, werden ausgeschlossen oder bestenfalls geduldet, aber mit Schuldgefühlen belegt. „Wir müssen gegenüber den Maschinen konkurrenzfähig bleiben, die uns immer stärker antreiben, weit über unsere Grenzen hinaus. Es ist, als würde auch der einzelne Mensch zur Maschine und funktioniere genau wie eine solche, streng nach den Kriterien der Effizienz. Diese Effizienz ist es, die sich uns als oberstes Prinzip dafür, wie der Mensch funktionieren soll, aufdrängt" (Jean Baudrillard). Um bei seinem Funktionieren mit der Rentabilität einer Maschine Schritt halten zu können, sieht sich der Mensch vor die Notwendigkeit gestellt, seinen Körper in Form zu halten, damit er optimal funktioniert, und seinen Intellekt zu schulen, damit er mit dem ständig fortschreitenden Wissen Schritt halten kann. Angesichts eines solchen Programms und solcher Umstände ist es naheliegend, daß das Herumbummeln und Faulsein in unserer Welt, wo nur noch Leistung zählt, nichts mehr verloren hat, denn selbst die belanglosesten Tätigkeiten müssen ja nützlich oder möglichst sogar rentabel sein.

Im antiken Griechenland war die Arbeit den Sklaven vorbehalten, und im Mittelalter waren die Leibeigenen der Stand der Arbeitenden; heutzutage dagegen definieren wir uns alle über unsere Arbeit; wir sind ihren Zielen unterworfen, und sie macht uns keineswegs frei, auch wenn man uns das glauben machen will. Nur noch ein gutes Stück innerer Distanz kann uns helfen, uns gegen die Hyperaktivität zu wehren und abzugrenzen, die direkt dazu führt, daß wir nur noch gestreßt und in ständigem Zeitmangel unsere Tage verleben. Ich halte deshalb das Faulenzen, verbunden mit einem gewissen Maß an Hang zum Alleinsein, nicht für reine Passivität, sondern bei manchen Menschen scheint mir das eher eine Art Widerstand gegen die Erscheinungen einer pausenlosen Hyperaktivität zu sein. Diese führt lediglich dazu, daß man immer noch mehr Zeit der Arbeit opfert und gleichzeitig sich immer weniger Zeit für sich selbst gönnt.

Die hochgelobte Arbeit ist zum Inbegriff des „Glücks für alle" geworden. Aber um was für ein Glück handelt es sich hier? Um das künstliche Glück des Konsumierenkönnens, das den Zauber der kleinen Dinge und Freuden früherer Zeiten nicht mehr kennt, wo das Glück in jenen „vergeudeten" Stunden aufblühte, die man mit jemandem gemeinsam verbrachte.

Die verlorene Kunst des Selbermachens

Die Familienmütter sind selten geworden, die heute noch die Zeit finden, mit ihren Kindern Plätzchen zu backen oder für sie und ihre Puppen Kleider zu nähen. Aber gerade das bot Gelegenheit zu kostbarem Beieinandersein. Die Erinnerung an solche flüchtigen Augenblicke familiären Miteinanders, in dem alle Sinne geweckt waren, haben sich unvergeßlich eingegraben. Wo gibt es heute noch Großmütter, die Märchen erzählen und die Träume und Illusionen spinnen? Wo Großväter, die herumbasteln und den Enkeln erklären, wie dies und jenes funktioniert? Das Fernsehen kann auf keinen Fall diese Unterweisung der Kinder ersetzen, die im Klima persönlicher Nähe und Zuneigung erfolgte und das Gefühlsleben der Alten wie der Jungen bereicherte. Heutzutage besteht leider die Neigung, nichts mehr *gemeinsam zu machen*, sondern alles *machen zu lassen*.

Auch auf die Gefahr hin, daß ich altmodisch erscheine, will ich erzählen, daß mir die Nachmittage unvergeßlich bleiben, die ich damit verbracht habe, für meine Töchter Kleider zu nähen. Da galt es zunächst, gemeinsam die Stoffe auszuwählen; dann kam die schwierige Frage nach dem Schnittmuster, das ihren Idealvorstellungen entsprechen würde. Dann stiegen sie auf einen Schemel und stellten sich vor dem Spiegel vor, wie sie wohl in dem fertigen Kleid aussehen würden. Hierauf kam das schwierige Geschäft mit der Schere; alles war freudig erregt und gleichzeitig besorgt, ein Schnitt könne daneben gehen, eine Linie falsch ausfallen. Zusammen ein Kleid zu nähen, das bedeutete, etwas Einmaliges zu erschaffen, etwas, das kein anderer Mensch trug. Damit erhielt dieses Kleidungsstück einen Gefühlswert, den ein Kleid, das man einfach im Geschäft kaufte, bei weitem nie erlangen konnte. Solche Kleider mußte man auch ewig aufbewahren, wie Reliquien aus einer fernen Zeit. Dazu kamen dann die Kleidungsstücke, die ich auf Anweisung meiner Kinder für ihre Teddybären und Puppen nähen mußte. Dabei habe ich viele rasch dahineilende kostbare Stunden erlebt, in denen wir uns als verschworene Mannschaft fühlten, die gemeinsam etwas Wunderbares zustande brachte.

Unsere Mütter und Großmütter gaben von einer Generation an die andere Fertigkeiten weiter, von denen man bald nur noch in Heimatmuseen etwas erfahren kann, oder die auf CD-Roms abgespeichert sind.

Auch eine andere Tradition ist am Aussterben, nämlich diejenige, daß man alles mehrmals wiederverwendet hat. Derzeit wirft man alles nach kurzem Gebrauch weg, und das deshalb, weil die Maschinerie unserer Wirtschaft davon lebt, daß ständig Neues produziert wird. Es ist viel einfacher und billiger, ein Kleidungsstück wegzuwerfen und dafür ein neues zu kaufen, als daraus ein neues zu nähen, und es ist auch einfacher und billiger, eine fertige Torte zu kaufen, als eine solche mühsam selbst herzustellen.

Aber trotzdem würden die *berufstätigen Mütter*, zu denen die Frauen heute geworden sind, sehr viel gewinnen, wenn sie sich auch wieder als *handwerklich geschickte Mütter* betätigen, also beschließen würden, sich die Zeit zu nehmen, *zusammen zu sein*, um *gemeinsam etwas zu gestalten*. Dabei kommt es vor allem darauf an, daß man in erster Linie seine Zeit hergibt; das ist die unerläßliche Bedingung dafür, daß man auch wieder ein Stück weit zu jenem gemeinschaftlichen kreativen Gestalten findet, das unsere Vorfahren so bereichert hat. Natürlich muß man überhaupt in der Lage sein, sich diese Zeit zu nehmen oder sein Recht darauf geltend zu machen, und ich weiß, wie schwierig das heutzutage sein kann; aber das ist ein anderes Thema.

Seine Zeit verschenken und beisammen sein

Wenn man seine Zeit verschenkt, dann verschenkt man auch seine Liebe und seine Aufmerksamkeit. Man zeigt dann, daß man weiß, wie das Kind empfindet, und daß man ihm den Platz einräumt, den es braucht.

Es ist schon einige Zeit her, als mir eine Mutter eine Geschichte erzählte, die sie mit ihrer kleinen Tochter erlebt hatte. Sie waren im Ausland mit einem Autobus unterwegs gewesen. Es war die Zeit, in der sich gerade die Barbie-Puppen mit großem Erfolg durchgesetzt hatten, und das Mädchen trug eine solche im Arm, ihre Lieblingspuppe, von der sie sich niemals trennte. Als sie aus dem Fahrzeug gestiegen waren, merkte das Kind plötzlich, daß der Kopf der Barbie-Puppe fehlte; zweifellos war er im Bus unter den Sitz gefallen. Mutter und Kind nahmen schleunigst ein Taxi, um den Bus an der nächsten Haltestelle einzuholen, hineinzusteigen und nach dem Kopf der Puppe zu suchen. Diese junge Mutter hatte auf dem Gesicht ihres Töchterchens die Bestürzung gelesen, die das Zerbrechen dieser Puppe bei ihm hervorgerufen hatte, und so hatte sie unverzüglich alles getan, um das fehlende Stück im Bus zu suchen. Sie hatte also die Gefühle ihrer Tochter ganz ernst genommen und ihnen ihren Eigenwert zuerkannt. Sie hätte auch unsensibel dafür sein und zu ihr sagen können: „Den Bus kriegen wir nicht mehr. Nimm's nicht so tragisch. Ich kaufe dir eine neue Puppe." Das kleine Mädchen liebte aber nicht irgendeine Puppe, sondern eben genau diese, und es wollte unbedingt, daß diese wieder heil würde. Ihre Mutter hatte also das Wesentliche erfaßt. Aber wenn schon die Erwachsenen nicht mehr das Wesentliche erfassen und nicht mehr deuten können, was sich abspielt – wie sollen dann die Kinder für das sensibel werden, was ungesagt zum Ausdruck kommt? Wenn Françoise Dolto schreibt, man müsse „das Subjekt respektieren", dann handelt es sich meiner Auffassung nach genau darum: um diese Fähigkeit, die ihrem jeweiligen Alter entsprechenden Dramen im Leben der Kinder ernst zu nehmen. Dazu gehört allerdings ganz wesentlich, daß man es versteht, *mit den Kindern zusammen zu sein* und sich auf sie einzulassen.

Joel ist ein vierjähriger kleiner Junge, den seine Eltern zu mir bringen, weil er eine geradezu typische Verhaltensstörung aufweist. Seit der Geburt seines jüngeren Bruders hat er häufig Wutanfälle, denen seine Eltern ganz hilflos ausgeliefert sind, denn sie finden kein Mittel, ihn wieder zu beruhigen. Joel verweigert rundweg alles, was ihm seine Eltern vorschlagen, einschließlich des Essens, was ihnen besondere Sorgen macht. Frühreif für sein Alter, bringt er einfach seinen Wunsch zum Ausdruck, „mit seiner Mama allein zu sein", und das mittels einer regressiven Reaktion. Diese Reaktion bezieht sich direkt auf die Tatsache, daß er das Gefühl hat, sein kleiner, neu zur Familie hinzu gekommener Bruder nehme die Aufmerksamkeit seiner Mutter zu sehr für sich in Beschlag.

Sein Vater hat unlängst eine Ausbildung zum Holzbauingenieur angefangen, die ihn ziemlich in Anspruch nimmt. Er ist zwar oft abwesend, macht sich jedoch auch große Sorgen angesichts der Schwierigkeiten seines Sohns, sich mit der neuen Familienkonstellation zurechtzufinden, und erklärt, ihm dabei in aller erdenklichen Form helfen zu wollen. Nach mehreren Sitzungen, zu denen Joel freudig mit seiner Mutter zusammen kommt, vereinbaren wir, daß das nächste Mal auch sein Vater dabei sein soll.

Im Verlauf dieses recht intensiven Austauschs schlage ich dem Vater vor, seine Erfahrungen im Umgang mit Holz dazu zu nutzen, für seinen Sohn irgendetwas anzufertigen: zum Beispiel ein Spielzeug, das sie miteinander entwerfen könnten. Dabei spielt der Gedanke mit, den Sohn enger an den Vater zu binden, was den Vorteil hätte, daß Joel dadurch symbolisch etwas von seiner Mutter abgerückt würde; gleichzeitig könnte er sich stärker mit seinem Vater identifizieren. Beide sind von diesem Vorschlag begeistert, und wir vereinbaren, uns in einigen Wochen wiederzusehen.

Die beiden kommen dann einige Wochen danach

wieder zu mir und sind sehr angetan von der positiven Erfahrung, die sie gemacht haben und von der mir Joel selbst erzählt: Sie bauen miteinander das größere Bett, in dem Joel bald schlafen wird, um dann das kleine Bett seinem Brüderchen zu überlassen. Das war ein sehr genialer Einfall von Joels Papa, denn dadurch führt er Joel in die Vorstellung ein, daß er allmählich größer wird und sich darauf einstellt.

Der Vater berichtet mir, daß sein kleiner Junge bei dieser Arbeit mit Feuereifer mitmacht: Ganz gewissenhaft klopft er Nägel ein, schmirgelt, nimmt Maß und verliert dabei nie das Interesse. „Er benimmt sich wieder ganz normal", sagt mir der Vater, „und inzwischen spielt er sogar gelegentlich, ohne aggressiv zu werden, mit seinem kleinen Bruder." Unter den Bildern auf meinem Flur wählt sich dieser kleine, lebhafte Junge das Bild vom Haus aus, „das ich mir einmal selbst bauen werde, wenn ich groß bin".

Man sieht also, wie wichtig es für dieses Kind war, daß sich sein Vater mehr mit ihm befaßt hat. Der Umstand, daß sich sein Vater Zeit genommen hat, um mit seinem Jungen *zusammen zu sein* und *mit ihm gemeinsam etwas zu machen*, half, die schmerzliche Situation zu bewältigen, in die dieser Junge infolge seiner Eifersucht geraten war. Die Rivalität mit seinem kleineren Bruder hatte ihm ein Maß an Leiden beschert, das man nie unterschätzen sollte.

Der Umstand, mit seinem Vater zusammen sein künftiges Bett konstruieren zu können, half Joel, sich selbst innerlich neu zu konstruieren und die Säuglingsrolle abzulegen, um sich der Zukunft zuzuwenden.

Ihr gemeinsames Tun wurde zu einer Art Spieltherapie, wozu noch ein Maß an Freude kam, das zweifellos unauslöschliche Spuren in der Erinnerung dieses Kindes hinterließ.

Als genaues Gegenteil dieses Beispiels fällt mir eine Begebenheit ein, von der mir ein Kollege erzählt hat. Es handelte sich um ein Ehepaar, das einen Laden besaß und ihn aufgesucht hatte, weil sein achtzehn Monate altes Kind ein allgemeines Unwohlsein an den Tag legte, das sich so stark äußerte, daß es in seinem psychomotorischen Verhalten sichtlich gestört war. Für sein Alter war es in dieser Hinsicht unterentwickelt, und es tat sich schwer damit, mit seiner Außenwelt in Kontakt zu treten. Zudem litt dieser kleine Junge an Schlaflosigkeit und äußerte die Anzeichen eines verfrühten pathologisch depressiven Verhaltens.

Es stellte sich heraus, daß das Kind den ganzen Tag lang in der Wohnung im Stock über dem Laden blieb und die Eltern nur heraufkamen, um ihm die Windeln zu wechseln oder ihm etwas zum Essen zu geben. Als ich die Eltern fragte, wie sie dieses Kleinkind beaufsichtigten, während sie ihrer Berufsarbeit nachgingen, erklärten sie im Brustton der Überzeugung, dafür eine recht befriedigende Lösung gefunden zu haben: Sie hatten eine Videokamera installiert, die das Kind ständig im Visier behielt, sowohl wenn es im Bett lag als auch, wenn es auf seinem Stuhl saß. So wurde das Kind also pausenlos mittels Video überwacht! Die Eltern waren völlig davon überzeugt, dieses System sei „wesentlich zuverlässiger, als wenn wir irgend jemanden als Babysitter angestellt hätten, auf den man sich ja doch nicht immer verlassen kann". Dabei schienen sie vollständig zu verkennen, welchen Entzug sie ihrem Kind zumuteten, nämlich den Verzicht auf die Kommunikation und die unerläßliche Gefühlszuwendung durch einen Menschen, was jedes Menschenwesen braucht, vor allem in der Anfangszeit seines Lebens. Es war gar nicht verwunderlich, daß dieses Kind sich in einer derart entmenschlichten Welt in einem Klima fühlte, das bei ihm schlimme Symptome hervorrufen mußte. Diese Symptome waren Ausdruck seiner Trauer und gleichzeitig ein deutliches Warnsignal an seine Umgebung. Diese Geschichte, die fast einer Karikatur gleichkommt, zeigt deutlich, wie unerläßlich notwendig es ist, daß jedes Kind spüren muß, wie jemand *bei ihm ist*. Das stärkt sein Vertrauen in die Erwachsenen und hilft ihm, innerlich ein Gefühl der Sicherheit zu entwickeln.

Was die Menschen voneinander unterscheidet und zur Entfaltung ihrer einmaligen Persönlichkeit führt, ist die Art, wie jeder auf seine ganz eigene Weise seine Umgebung wahrnimmt. Hier spielen das soziale Umfeld und die betreffende Kultur spürbar herein. Der Familie kommt die Aufgabe zu, im Rahmen ihres Lebens mit dem Kind in emotionalem Austausch zu sein und ihm auf diese Weise eine bestimmte Identität und Kultur zu vermitteln. Sie kann dafür auf das zurückgreifen, was die eigene Umgebung in dieser Hinsicht bereitstellt. Wenn die Eltern dem Kind die Möglichkeit bieten, seine Beziehung zu anderen spürbar zu erfahren; wenn sie es erleben lassen, daß sie immer für es da sind, können sie ihm auch beibringen, wie wichtig es ist, auf den anderen zu hören und ihn anzunehmen, wie er ist. Welche grundlegende Verantwortung hier die Familien haben, muß ganz deutlich gesagt werden. Manche Familien nehmen diese nicht wahr und überlassen ihre Aufgabe ganz dem Erziehungssystem, das davon völlig überfordert ist.

Kein Wunder also, daß sich die Lehrer zunehmend darüber beklagen, sie müßten die Defizite des Familienlebens abfangen und bei ihren Schülern, die nicht recht zuhören können und moralisch orientierungslos sind, auch noch die Elternrolle übernehmen. Bei einer Besprechung im Vorschulkindergarten, wo es um Kritzel- und Schreibübungen für die Kinder ging, erzählte ein Lehrer, daß ein kleines Mädchen sich dagegen verwahrt habe mit der Begründung: „Das kann ich nicht. Das hat mir die Mama noch nicht beigebracht." Dabei sahen sich die gleichen Lehrer vor die Notwendigkeit gestellt, den Kindern die elementarsten Erziehungs- und die alltäglichsten Verhaltensregeln beizubringen, die zu vermitteln eigentlich Aufgabe der Familie gewesen wäre. Dieser Rollentausch führt zu einer verhängnisvollen Verwirrung für die Kinder. Sie hätten am meisten davon, wenn wieder jeder das übernehmen würde, wofür er eigentlich zuständig ist: Die Lehrer sollten das Wissen vermitteln, wofür sie kompetent sind, und die Familien sollten affektive und moralische Werte vermitteln, die nur sie wirklich weitergeben können.

Wenn man miteinander lebt, ergibt sich auch die Möglichkeit, gemeinsam etwas zu tun. Das fördert die Kommunikation untereinander, das Sprechen miteinander und das Zuhören. Der Mensch definiert sich ganz wesentlich durch Sprache. Sie ist das Bindeglied zwischen Geist und Körper, das unverzichtbare Band zwischen dem, was man ist und dem, was man tut. Zugleich kann man mit Hilfe der Sprache für die Außenwelt zum Ausdruck bringen, was man denkt. Doch damit ein authentischer Austausch von Worten stattfinden kann, braucht man Zeit; diese Zeit müssen sich die Erwachsenen abverlangen. Nur wenn diese

Räume der Kommunikation zahlreicher und größer werden, erweist sich die Eltern-Kind-Beziehung als konstruktiv.

Verfrühte Selbständigkeit

Von da her gesehen ist mehr denn je Skepsis angesagt, wenn Eltern ganz stolz davon berichten, wie herrlich selbständig ihre Kinder schon sind, und dabei gar nicht merken, welche Mängel dahinter stecken können.

Kinder, die schon sehr früh alles lernen, sind natürlich wunderbar „pflegeleicht": da kann eines schon mit vier Jahren ganz selbständig duschen, und ein anderes kann sich schon sein Essen herrichten „ganz wie ein Erwachsener", obwohl es noch in den Kindergarten geht … Wo bleibt da aber die Freude, die die Kinder erleben, wenn sie spüren, daß jemand bei ihnen ist, während sie im Bad oder unter der Dusche sind? Ist das nicht eine wichtige Gelegenheit, beieinander zu sein, miteinander zu reden und physisch in Kontakt miteinander zu kommen, was jedes kleine Kind liebt und genießt? Wenn man ein Kind von da an, wo es in der Literatur heißt, Kinder müßten nicht mehr ständig überwacht werden – nämlich ab dem 4./5. Lebensjahr – dazu anhält, ganz selbständig zu baden, verschenkt man eine Gelegenheit körperlichen Zusammenseins mit dem Kind in einer Situation, wo es entspannt ist und sich im Wasser wohl fühlt. Alle alltäglichen Verrichtungen sind für Kinder mit hohem affektivem Wert besetzt. Das ist so, wenn man ihnen ein Frühstücksbrot streicht, mit ihnen gemeinsam ißt oder ihnen wenigstens beim Essen Gesellschaft leistet. Die Sorge um den Körper und die Nahrungsaufnahme nimmt nämlich auf ganz besondere Weise die gesamte Affektivität in Anspruch.

Natürlich will ich damit nicht sagen, daß man dem Kind pausenlos Gesellschaft leisten soll. Man will ihm ja andererseits einen Freiraum geben, in dem es seine eigenen Träume entfalten kann. Folglich geht es darum, ein gesundes Gleichgewicht zwischen den Zeiten zu finden, in denen das Kind gern allein ist, um zu spielen und sein eigenes Phantasievermögen zu entfalten, und den Zeiten, wo es den Austausch braucht und etwas mit jemandem zusammen tun möchte. Zwar muß jedes Kind die Fähigkeit zum Alleinsein entwickeln, um mit seinen eigenen Gedanken spielen zu können, aber genauso wünschenswert ist es, daß es immer jemanden in erreichbarer Nähe hat, den es bei Bedarf ansprechen kann. Wenn das Kind um diese Möglichkeit weiß, entwickelt es Vertrauen gegenüber den Erwachsenen und überhaupt gegenüber allen Menschen.

Während der ganzen Zeit, in der das Kind allmählich in die Unabhängigkeit hineinwächst, bleibt zweifellos immer ein gewisses Maß an Abhängigkeit notwendig. Werden Kinder zu früh in die Selbständigkeit gestoßen, so entfremdet sie das ihren Eltern zu sehr, während ein gewisses Maß an Abhängigkeit das Bedürfnis des Kindes nach affektiver Bestätigung wahrt. Das Erlernen des Lebens in der rauhen Wirklichkeit ist kein leichtes Unternehmen; die Kinder verspüren das Bedürfnis, ihre Eltern in erreichbarer Nähe zu haben und daraus ein Gefühl der Sicherheit zu beziehen. Es ist gut, sich sowohl für Kinder wie für Jugendliche an den Rat von Donald Winnicott zu erinnern: „Wenn Ihnen am Heil der Jugendlichen und am Heil ihrer Unreife liegt (ein Zustand, der nur einige Jahre anhält), dann fördern Sie es nicht, daß sie zu schnell eine unechte Reife erlangen, indem Sie ihnen eine Verantwortung übertragen, die ihnen noch nicht zusteht, selbst wenn sie sie unbedingt schon haben wollen."[18]

Da heutzutage viele Mütter berufstätig sind, führt das unvermeidlich dazu, daß Kind und Mutter verfrüht und für längere Zeiten getrennt werden. Dadurch gehen kostbare Gelegenheiten zum Miteinander verloren. Umso notwendiger ist es, daß man außerhalb der Arbeitszeit Zeit für das Miteinander findet, denn mehr als alle anderen Beziehungen braucht die Eltern-Kind-Beziehung das Beieinandersein. Das gilt auch dann, wenn es in unserer gegenwärtigen Gesellschaft einige Mühe kostet, solche Zeiten zu finden, die zunehmend Mangelware werden.

Wenn die Erwachsenen und Erzieher von heute zu sehr dem gegenwärtigen System verhaftet sind, konditionieren sie auch die Erwachsenen von morgen falsch. Daher ist es dringend notwendig, daß alle mit der Erziehung unserer Kinder und Jugendlichen Beauftragten sich dessen immer stärker bewußt werden, daß es so nicht weitergehen kann. Manche Erwachsene spüren das schon. Sie sind genau wie viele Kinder enttäuscht von unserer derzeitigen Lebensart und fordern ihr Recht ein, in Zukunft „langsamer leben zu können, um auf andere Dinge zu achten, und das auf andere Weise". Sie wünschen sich, ihre Zeit anders gestalten zu können. Sie wollen ein neues Gleichgewicht finden, das dem natürlichen Rhythmus und den legitimen Ansprüchen des Menschen besser entspricht, und ihnen ist klar, daß dazu auch ein inneres Leben gehört. Was sie wollen,

---

[18] D. W. Winnicott, *Jeu et réalité*, Paris 1971, 202

muß dringend ab sofort in die Praxis umgesetzt werden, wenn wir nicht wollen, daß unsere Kinder in dieser Gesellschaft unter die Räder kommen, die ihnen nur noch Prinzipien aufdrängt, die nichts mit solchen Idealvorstellungen zu tun haben.

Die Notwendigkeit eines Ideals

„Der Wert jeder Gesellschaft und jedes Menschenwesens zeigt sich an der Qualität ihrer Träume", hat Jean Guéhenno geschrieben. Die heutigen Jugendlichen leiden darunter, daß es kein Ideal mehr gibt, das ihre Phantasie beflügeln könnte, und das zumal in der Lebensphase, die für die Entwicklung des Individuums entscheidend ist.

Nachdem alle Ideale in die Krise geraten sind, wird ein übersteigerter Individualismus hochstilisiert und gilt als der einzige übriggebliebene Wert, auf dessen Verfolgung sich die Jugendlichen noch einlassen wollen. So entstehen neue Bewegungen, bei denen das Ich im Zentrum von allem steht, was man tut und läßt, und der Daseinszweck reduziert sich darauf, ein Maximum an Vergnügen zu suchen, und das bis zum Exzeß.

Die Anhänger der „neuen Technowelle", die eine ganze Nacht zu den Klängen einer technisch produzierten Musik durchtanzen, machen genau das. Diese Jugendlichen trennen haarscharf zwischen Arbeit und Freizeit und kompensieren beim Tanzen die Frustrationen ihres Alltagslebens. Beseelt von einem übersteigerten Narzißmus, der sie alles konsumieren läßt, was ihnen Spaß macht, haben sie keine Zeit mehr dafür, sich politisch zu engagieren oder sonst irgendeine sinnvolle

Tätigkeit auszuüben. „Nachdem sie alle nur erdenklichen Vorbilder über Bord geworfen haben, können sie sich mit nichts und niemandem mehr identifizieren, außer mit sich selbst. Sie entwickeln den zügellosen Wunsch, sich selbst zu verzehren, der eindeutig ein ungestilltes Bedürfnis nach Traum und Ausfluchtmöglichkeiten befriedigen soll."[19] Sie haben es aufgegeben, zu revoltieren, und sie begnügen sich fortan nicht ohne einen gewissen Zynismus damit, genau jenes Konsumverhalten nachzuahmen und auszukosten, von dem sie von Kindheit an geprägt worden sind.

Diese Menschen sind in einen Zustand geraten, in dem sie das Gefühl haben, daß man weder auf sie hört noch sie versteht. Sie haben buchstäblich „auf grausame Weise keinerlei Traum mehr vor Augen". Traurigerweise gibt es heute viele junge Menschen, die „davon träumen, träumen zu können". Das müßte nicht so sein. Um das der nächsten Generation zu ersparen, müßten wir nur bewußt in jedem Menschen die Fähigkeit zum Träumen, die doch in ihm steckt, ermutigen und fördern. Nur wenn dieses Stück Utopie, über das grundsätzlich jedes Menschenwesen verfügt, wieder freigelegt wird, können die Menschen wieder Visionen und Träume von einer alternativen, besseren Welt entwickeln und damit von dem, wonach sie sich im Tiefsten sehnen.

Dazu wäre dann noch notwendig, daß die Gesellschaft ihnen erlauben müßte, ihre Träume auch Gestalt werden zu lassen.

Unlängst hatte ich mit einem Jugendlichen zu tun,

---

[19] Anne-Marie Ley und Roland Hill, *Tribune de Genève* vom 19. August 1994, 2

der nach einem Selbstmordversuch zutiefst deprimiert war. Dieser Zwanzigjährige verbrachte seine Zeit damit, sich auf recht zynische Weise im „Rollenspiel" zu üben, wobei er sich durchaus darüber im klaren war, daß seine eigentliche Freiheit eher darin bestanden hätte, authentisch er selbst zu sein. „Aber", so sagte er mir, „das Ich-selbst-Sein ist heutzutage äußerst schwierig geworden, und während früher die Jugendlichen noch in der Hoffnung leben konnten, ihre Welt werde einmal besser sein als die ihrer Eltern, ist das heute unmöglich geworden. Die Jugendzeit unserer Eltern kommt uns geradezu pradiesisch vor, während unser eigenes Leben von Ausschluß, Aids oder Arbeitslosigkeit oder von allem gleichzeitig bedroht ist. Wir haben das Gefühl, uns braucht keiner. Meine Freiheit kommt darin zum Ausdruck, daß ich kreativ sein kann, aber ich werde nicht nach meiner Kreativität beurteilt, denn die interessiert niemanden. Unsere Lage ist unerträglich, denn wir haben nicht mehr das Recht, uns frei auszudrücken, in der Liebe nicht und nicht bei der Arbeit."

Die klare und kompromißlose Feststellung dieses jungen Mannes brachte zweifellos eindringlich die Meinung seiner Altersgenossen zum Ausdruck. So kommt es, daß immer mehr junge Menschen nur noch willkürlich irgendwelche Rollen spielen. Manche gehen dabei so weit, daß sie ihr Leben aufs Spiel setzen, um mit einer Welt zu brechen, die ihnen nicht mehr die Möglichkeit bietet, echte Risiken zu verkosten und faszinierend Neues zu entdecken; und darauf hätte man als Jugendlicher doch ein Anrecht.

Die heutigen Jugendlichen haben nicht mehr den Eindruck, sie würden für einen hoffnungsvollen Weg ertüchtigt, sondern es kommt ihnen eher so vor, als würden sie in eine Garage eingeparkt. Aber sie können sich auf Dauer nicht damit zufrieden geben, „mehr oder weniger passive Kunden der Unternehmen Wirtschaft und Schule zu sein". Sie fordern für sich das Recht, „wieder aktiv Handelnde in ihrem ganz eigenen Bereich zu werden"[20].

Doch glücklicherweise gibt es auch heute noch viele Jugendliche, die ihre Abende damit verbringen, die Welt neu zu entwerfen. Selbst wenn sie von der Politik der Generation vor ihnen bitter enttäuscht sind, stellen sie sich noch die richtigen Fragen über den Sinn des Lebens. Ein deutlicher Hinweis darauf ist der Umstand, daß derzeit die Philosophie wieder vermehrt Interesse findet, wie auch der Wunsch, sich auf dem Gebiet humanitärer Hilfsaktionen aktiv einzusetzen.

Handelt es sich bei den Menschen, die noch Träume haben, welche in der Wirklichkeit verwurzelt sind, nicht um diejenigen, die als Kinder noch haben träumen dürfen? Und ziehen wir nicht umgekehrt diejenigen zu Jugendlichen ohne jede Hoffnungsperspektive heran, die wir zu früh ihren Kindheitsträumen entreißen, so daß sie deren Reichtümer gar nicht auskosten können? Ist es dann ein Wunder, daß sie sich im günstigsten Fall ins Berufsleben stürzen und dort um jeden Preis Erfolg haben wollen, oder im schlechteren Fall künstliche Paradiese suchen oder zur Gewalt greifen, die sie schließlich sogar zuweilen gegen sich selbst richten?

---

[20] Michel Fize, *Le Peuple adolescent*, Paris 1994

Zum Schluß

Wie schon eingangs angekündigt, will ich hier in keiner Weise ein Rezept geben. Heutzutage werden viel zu viele Rezepte angeboten, und ich bin skeptisch, ob sie nicht verheerende Folgen haben, wenn man sie befolgt. Worum es mir geht ist lediglich, allen Eltern zu empfehlen, besser auf ihre Kinder zu hören. Sie könnten dadurch selbst wieder lernen, ganz anders zu hören und die Welt mit anderen Augen zu sehen, und das würde ein gewaltiges Potential an Phantasie und Kreativität freisetzen, mit dem unserer Welt noch zu helfen wäre.

In unserem Beruf spielt die Vorsorge eine große Rolle. Aus diesem Anliegen heraus ging es mir außerdem noch um etwas ganz Grundsätzliches: Ich wollte die Leser darauf aufmerksam machen, daß eine abstrakte Wissensvermittlung, eine verfrühte Selbständigkeit der Kinder und das Klima des allgemeinen Wettbewerbs verhängnisvolle Folgen haben. All das beeinträchtigt vor allem das kreative Vermögen und Wollen, das in jedem Menschenwesen steckt und sich zum Ausdruck bringen will, und zwar nach seinem ganz eigenen Rhythmus. Diese Kreativität ist die Wurzel sowohl aller wissenschaftlichen Erkenntnisse als auch all der vielfältigen Ausdrucksweisen der Kunst; es handelt sich hier um zwei einander ergänzende Register des menschlichen Genies.

Wir haben gesehen, welch wichtigen Einfluß die Eltern auf ihre Kinder haben, die selbst unauslöschlich von dem geprägt sind, was sie in ihrem eigenen Leben durchgemacht haben. Wir sind ja alle in mehr oder weniger großem Maß von der Geschichte determiniert, die wir bei unserer Geburt erben, und dazu kommt dann noch der Einfluß der Gesellschaft mit ihren Interessen, die heute vorwiegend wirtschaftlicher Art sind. Aus dem allem muß sich das Kind herauslösen.

Die Welt des Kindes jedoch ist von Natur aus mit Träumen und Phantasiebildern erfüllt. Es liegt an uns, daß wir unseren Kindern genügend freie Zeit lassen, damit sie diese Welt erkunden können. Sie sind dann in der Lage, in ihrem späteren Leben daraus die Kraft zu schöpfen, sich in Freiheit mit der Wirklichkeit auseinanderzusetzen. Zudem können sie die Energie zur Auflehnung erwerben, und mit ihr die Fähigkeit, „nein" sagen zu können, um uns betriebsblind gewordenen Älteren andere Lebensperspektiven zu eröffnen, die endlich nicht mehr gnadenlos der *Rentabilitätsrechnung, der Selektion und dem Ausgeschiedenwerden* unterliegen, also jener Denkungsart, die unsere Gesellschaft beherrscht und die auch schon in die Schulen eindringt.

Gauguin hat in einem Brief geschrieben: „Ich bin stark, weil ich mich nie durch andere vom Weg abbringen lasse und das ausführe, was in mir steckt."

Unsere jetzige Gesellschaft ist zunehmend gespalten; man lebt nebeneinander her, ein Austausch findet kaum statt. Die Innenwelt der einzelnen Menschen, die sich spontan auf vielfältige Weise äußern möchte, wird erstickt, und die Außenwelt ist rauh; dort ist alles auf Rentabilität versessen, die Menschen werden in Normen gepreßt, und wer sich nicht anpassen kann, wird an den Rand gedrückt. Dieses Auseinanderklaffen von Innen- und Außenwelt führt bei sensibleren Gemütern zu depressivem Verhalten, das oft nur noch mit psychotherapeutischer Hilfe zu beheben ist. Das ist sogar noch das kleinere Übel gegenüber der banalen Selbsthilfe, zu der viele Menschen greifen, indem sie zu antidepressiven Drogen und anderen „Glückspillen" ihre Zuflucht nehmen.

Die Phantasie bietet dem Entdeckergeist ein unbegrenztes Feld und weckt unvermeidlich die Neugier. Ein neugieriges Kind jedoch ist ein Kind, dem noch zu helfen ist. Es zeigt eindeutig, daß es beobachten, sich einfügen und erfinderisch sein kann. Zudem ist die Phantasie etwas *Dynamisches*, von dem der einzelne Mensch sein Leben lang die notwendige Energie dafür beziehen kann, sich seine geistige Freiheit zu bewahren und seinen persönlichen Weg zu gehen. Für manche Menschen, die in engen Verhältnissen leben mußten oder im Gefängnis saßen, war ihre Phantasie ihr einziger und letzter Besitz, eine Freiheit, die ihnen niemand nehmen konnte, und die ihnen die Kraft zum Überleben gab.

Wenn unsere Kinder uns bitten: „Laßt uns Zeit zum Träumen", dann wollen sie damit sicher nicht sagen, sie wollten überhaupt nichts aktiv tun. Dafür sind sie viel zu wißbegierig, zu lern- und zu handlungsfreudig. Sie wollen uns damit lediglich sagen: „Papa, Mama, laß mir die Zeit, meine Sehnsucht auszuloten und Mittel zu finden, sie zu verwirklichen. Dann kann ich mich entfalten." Es ist ja ein sehr schmerzlicher Zustand, wenn man nicht zum Ausdruck bringen kann, was ganz tief in einem steckt. Dieser berechtigte Wunsch, sein Innerstes auszudrücken, läßt sich dank jener kreativen Anlage, die in jedem von uns schlummert, tatsächlich verwirklichen. Denn, so hat Winnicott geschrieben: „Nur insoweit es kreativ ist, entdeckt das Individuum sein Selbst."[21] Ersparen wir es unseren Kindern, blutleere Erwachsene zu werden, die von unserer unseligen Wettbewerbsgesellschaft konditioniert und dadurch überfordert und steril geworden sind, bar jeder Möglichkeit, irgendwo aufzutanken, um ihre innere Wüste wieder zu bevölkern, und die auch nicht mehr die Kraft haben, gegen die Angst anzukämpfen, die sie in ihren Fängen hält. Hüten wir uns davor, zu Erzeugern einer Gesellschaft von geklonten Menschen zu werden, die alle uniform genormt sind und von Maschinen und vom Markt gelenkt werden. Geben wir daher der Phantasie Raum, lassen wir unseren Kindern Zeit zum Träumen, damit sie sich selbst entdecken und wirklich leben können.

Uns fehlt schmerzlich eine echte Spiritualität. Sie wäre das Gegengift gegen jene schreckliche Vergiftung, zu der unsere Konsumgesellschaft mit allen ihren Folgeerscheinungen samt ihrem ans Absurde grenzenden Materialismus geführt hat. André Malraux hat deshalb zu Recht beantragt, „die Welt wieder mit Zauber zu erfüllen" …

---

[21] D. W. Winnicott a. a. O. 76